Inhaltsverzeichnis

Wirkungslose Antworten

Sabrina (13) läuft am Morgen Richtung Schule. Ihre Freundin Ines, mit der sie diesen Weg sonst immer zusammen geht, wurde heute von ihren Eltern mit dem Auto zur Schule gebracht, sodass sie den Schulweg heute alleine macht. Als sie an der Schlosswiese vorbei um die Ecke biegt, sieht sie plötzlich vor sich in einiger Entfernung eine Gruppe stehen. Ihr Puls wird mit einem Schlag höher. Sie denkt sich: „Oh nein, auch das noch, was mach ich nur? Soll ich einen anderen Weg gehen? Scheiße …!“ Die ganze Geschichte von letzter Woche spult sich wieder in ihrem Kopf ab. Ihr Schritt wird langsamer. „Was soll ich antworten, wenn sie mich ansprechen?“ Vor einer Woche hatte sie mit ihrem Freund Felix Schluss gemacht. Und vor ihr am Gehsteig stehen sie: die besten Kumpels von Felix! Sie weiß, wie das ist, wenn einer aus der Clique von jemandem außerhalb der Clique verlassen wird. Die Gruppe verschwört sich gegen die „andere“, denn die andere ist immer die Böse und die andere war sie! Sie sieht, wie die drei plötzlich aufhören zu reden. Sie denkt: „Zu spät, sie haben mich gesehen – jetzt kann ich nicht mehr umdrehen.“ Sie läuft auf die andere Straßenseite, um ihnen nicht direkt zu begegnen. Sie versucht, wie versteinert geradeaus zu blicken, damit sie denken, sie ignoriere sie. Aber als sie auf deren Höhe ist, schreit plötzlich einer rüber zu ihr: „Du musst ins Bordell, du Nutte.“ Sabrina ist schwer getroffen. So hart hat sie's nicht erwartet. Ihre Hände zittern, Wut steigt auf. Sie will blitzschnell etwas sagen, aber ihr fällt nichts richtig Gutes ein. In ihrer Verzweiflung schreit sie heraus: „Ihr Fucker, schaut *euch* doch mal an!“

Sie merkt, dass das nicht so elegant geklungen hat, ist aber immerhin froh, überhaupt etwas gesagt zu haben.

Ich will dir mal demonstrieren, wie das anders hätte klingen können.

- Du musst ins Bordell, du Nutte.
  ↳ Mach ich nicht, ich könnt dir ja dort als Kunde begegnen!

Welche Antwort gefällt dir besser?

↳ Ihr Fucker, schaut euch doch mal an!

oder

↳ Mach ich nicht, ich könnt dir ja dort als Kunde begegnen!

Diese Art von Antworten, so habe ich bei der Analyse euerer Antworten herausgefunden, gebt ihr sehr oft. Ihr habt aber das Problem, dass das nicht sehr schlagfertig wirkt.

Ich weiß, du bist getroffen durch dumme Sprüche und Hänseleien. Es gilt eine Regel. Wenn du dem Angreifer mit dem Wort *fuck, schwul, Homo, Depp, Idiot, Arschloch* und irgendwelchen anderen Schimpfwörter entgegnest, hilft dir das nicht wirklich weiter. Du bist verwundet, bist hilflos und willst irgendetwas sagen, aber in deiner Verletztheit greifst du gleich zum scheinbar stärksten Mittel, aber es wirkt nicht richtig knackig. Schau's dir an:

- Du kannst ja nicht mal Fussball spielen.
  ↳ Halts Maul, du Depp, und? ... kannst es besser?

So eine Erwiderung ist zwar immer noch besser, als gar nichts zu sagen, aber das Problem bei Schimpfwörtern ist, dass der andere merkt, dass du getroffen bist, dass du innerlich leidest.

Hier ein anderer Angriff, den mir die Schüler einer Schule genannt haben:

- Du hässliches Scheißkind, was willst du eigentlich?
  ↳ Fick dich!

Es wirkt nicht sehr schlagfertig, wenn ihr auf einen Angriff mit einem Angriff in derselben Art antwortet.

- Motherfucker!
  ↳ Ihr Deppen, ich verhau euch.

- Du bist eine fette Tonne!
  ↳ Du kleines Arschloch, halt deine Fuck-Fresse.

Ihr wirkt durch solche Antworten weder souverän noch cool

Die erste Regel für dich lautet:

Lass Schimpfwörter aus deinen Antworten draußen.
Du wirkst nicht cool dabei!

Dieses Buch will dir helfen, dass du ein, zwei Stufen cleverer und intelligenter als der Angreifer rüberkommst. Sodass dich die anderen schon fast wieder bewundern. Das geht – du wirst Freude haben!

Unerwartet zustimmen

Die Lehrer im Saal warteten auf die Hauptperson. Der Saal war voll. Ein Stuhl war leer ... für ihn! Gleich würde er zu seiner mit Spannung erwarteten, extra einberufenen Schulkonferenz erscheinen. Zum ersten Mal in der Geschichte der Schule war einem Schüler der Verweis von der Schule angedroht worden. Heute würden sich die Lehrer beraten, ob sie der Androhung auch die Strafe folgen lassen wollten. Felix bekam heute die letzte Gelegenheit, sich zu allen Vorkommnissen zu äußern. Dann betrat er plötzlich den Raum. Alle Augen richteten sich auf ihn. Er setzte sich hin und lächelte entwaffnend. Er begann sein vorbereitetes Statement abzugeben. Der entscheidende Satz, auf den alle warteten, war: „Ja, ich habe in der Schule Haschisch geraucht!“ Den Lehrern fielen bei so viel entwaffnender Offenheit schon fast keine Fragen mehr ein, aber Felix beantwortete jede Frage mit derselben Offenheit und Ehrlichkeit, wie er sein anfängliches Eingeständnis abgegeben hatte. Schließlich meldete sich ein Lehrer zu Wort, der Felix doch noch mit einer kompromittierenden Frage in Verlegenheit bringen wollte:

„Felix, dann hast du aber damals gelogen.“
Felix mit entspannter Miene: „Ja, genau das hab ich.“
Der Lehrer war perplex.

Dies ist eine Spitzenmethode der Schlagfertigkeit. Wenn du unerwartet zu einem Vorwurf stehst, der dir gemacht wird, nimmst du dem Angreifer voll den Wind aus den Segeln.

- Hast du einen fahren lassen?
  ➯ Ja, selbstverständlich! Oder glaubst du, ich riech immer so?

Du bist unangreifbar, wenn du unerwarteterweise zu dem stehst, was der andere dir vorwirft. Damit ziehst du ihm den Teppich unter den Füßen weg. Denn der Beleidiger braucht dein Einverständnis, dass das auch etwas Schlimmes ist, was er dir vorwirft. Wenn du ihm den Gefallen nicht tust, verliert er sehr bald den Spaß an dir. Er denkt, er schießt mit einer Kanonenkugel auf dich, aber du verhältst dich, als ob nur eine Seifenblase bei dir angekommen wäre.

Heute ist der große Tag! Heute soll die wichtige Schularbeit, die ein Drittel der Abschlussnote dieses Jahres ausmacht, zurückgegeben werden. Alle sitzen gebannt an ihren Tischen. Die Türe geht auf, der Lehrer kommt herein. Er hat einen großen Stoß unter den Arm geklemmt. Alle wissen: Das ist die Arbeit! Alle Schüler sitzen angespannt auf ihren Stühlen, nur Sabrina in der vorletzten Reihe nicht. Der Lehrer gibt nacheinander allen Schülern ihre Arbeit auf den Tisch und sagt jeweils die Note dazu. Diesmal sind die Noten besonders schlecht ausgefallen. Die meisten haben Vieren, Fünfen oder Sechsen. Nur ganz wenige haben eine Drei. Der Lehrer kommt zu Sabrina, die ganze Klasse dreht sich um zu ihr. Der Lehrer sagt: „Sabrina, prima gemacht – zwei!“ Zwei Jungs, die vor ihr sitzen, drehen sich zu ihr um und sagen mit einer gepressten, verächtlichen Miene: „Du Streber!“ Sabrina bemerkt trocken: „Ja, genau, das bin ich!“, und schaut weiter ihre Schularbeit durch.

Kein Angriff hat mehr Bestand, wenn du dich weigerst, die Vorstellungen von „Gut“ und „Schlecht“ des Angreifers zu übernehmen. Du bist nur dann angreifbar, wenn du die Wertvorstellung des Angreifers übernimmst. Wenn du einfach voll und ganz zu dir stehst, zu dem, was du tust, was du bist und was du darstellst, kann man dich nicht mehr angreifen. Ob du Übergewicht hast, Hefte mit nackten Frauen anschaust, ein Loch in deinem Hemd hast, eine Zahnspange hast, gute Noten hast, schlechte Noten hast, aus armen Verhältnissen kommst, aus wohlhabenden Verhältnissen kommst, irgendeine Behinderung hast, besonders groß bist, besonders klein ist, schon mit vielen Jungs geknutscht hast, noch nie mit einem Jungen geknutscht hast ... – kein Vorwurf hat mehr Bestand, wenn du zu dir stehst und keine Erklärungen abgibst.

Deswegen nennt man diese Methode auch „unerwartetes Zustimmen". Du sagst ganz einfach als Antwort „Ja, genau". Wichtig ist, dass du keine Erklärung und keine Rechtfertigung nachschiebst. Schau dir den Unterschied an:

- Deine Schultasche ist bei Aldi gekauft.
  ➯ Schön, dass du das auch schon erkennst. Sie ist aber trotzdem schön.

Hier hast du dem Angreifer nach dem Zustimmen noch eine Erklärung gegeben: „Sie ist aber trotzdem schön." Schau dir an, wie es wirkt, wenn du die Erklärung weglässt:

- Deine Schultasche ist bei Aldi gekauft.
  ➯ Schön, dass du das auch schon erkennst.

Es wirkt viel souveräner, viel selbstbewusster, viel cooler, wenn du *keine* Erklärung danach gibst.

Hier noch ein zweites Beispiel:

- Du bist doch sitzen geblieben.
  ➯ Daran wirst du dich gewöhnen müssen. Ja, wir hatten dieses Schuljahr einen Umzug und da hatte ich nicht viel Zeit zum Lernen.

Auch hier wird wieder eine Erklärung gegeben, die dich aber leider in den Augen der anderen kleinmacht. Ohne Erklärung wirkst du viel souveräner.

- Du bist doch sitzen geblieben.
  ↳ Daran wirst du dich gewöhnen müssen!

Diese Technik ist so einfach, dass es schon fast wehtut. Du sagst zu dem Vorwurf einfach „Ja, stimmt. Genauso ist es. Das hast du gut beobachtet …“. Und schon bist du aus dem Schneider.

- Du willst immer nur der Erste sein.
  ↳ Na klar, was denn sonst?

Das „unerwartete Zustimmen“ zum Vorwurf macht den Angreifer perplex. Nicht du, sondern der Angreifer bleibt sprachlos.

Diese Technik funktioniert aber nur, wenn jemand eine Aussage macht, die typischerweise mit den Worten „du bist …“ „du hast …“, „dein XY ist ….“ anfängt. Wenn jemand eine *Frage* stellt, dann kann man nicht so einfach zustimmen.

- Warum hast du schon wieder eine Sechs?

Hier kann man nicht einfach sagen: „Schön, dass du das auch schon erkennst“. Das passt einfach nicht auf diese Frage. Alle Fragen, die mit einem „W“ anfangen, fallen in diese Kategorie: Fragen, die mit wann, warum, wer, wo, weshalb beginnen, sind deshalb nicht geeignet.

Wenn jemand aber fragt: „Hast du etwa schon wieder ’ne Sechs?“, dann kannst du sagen: „Ja klar, was dachtest du denn?“

Die Regel geht so: Das „unerwartete Zustimmen“ klappt bei Fragen nur dann, wenn die Frage mit einem Ja/Nein beantwortet werden kann.

- Willst du dich etwa bei uns einschmeicheln?
  ↳ Ja, genau das will ich!

- Fabian, bist du wieder mal zu spät ins Bett?
  ↳ Oh ja, das bin ich!

Die „Augen-Nasen-Ohren-Antwort“

Auf meiner Homepage *www.schlagfertigkeit.com* wird jeden Monat die schlagfertigste Geschichte prämiert, die mir zugeschickt wurde. Ein Junge gewann mit folgender Geschichte:

„Ich ging mit meiner kleinen Schwester über den Platz am Frankfurter Hauptbahnhof. Der Frankfurter Hauptbahnhof ist ein Ort, an dem viele zwielichtige Figuren herumlungern. Als ich mit ihr an zwei Typen vorbeiging, zischte plötzlich einer zu ihr herüber: ‚Ich kann deine Muschi riechen!‘ Meine Schwester drehte sich nur halb zu ihm um und sagte im Weiterlaufen: ‚Gute Nase Mann!‘“

Diese trockene Antwort kann man systematisieren. Jeder Mensch hat fünf Sinne. Alles, was an Informationen an uns herankommt, wird mit einem dieser Sinne von uns erfasst. Von den fünf sind drei Sinne die wichtigsten: Entweder siehst du es oder du riechst es oder du hörst es. Du musst jetzt nur unterscheiden, ob dich einer auf dem Gebiet der Optik, des Geruchs oder deines gesprochenen Worts hänselt. Alles hat er mit einem dieser drei Sinne aufgenommen.

Nehmen wir einfach noch mal das Beispiel von soeben: Die Antwort kannst du jedes Mal dann sagen, wenn dich jemand hänselt aufgrund von etwas, was er an dir gerochen hat.

- Du stinkst.
  ↳ Gute Nase, Mann!

- Ich kann deine Muschi riechen.
  ↳ Gute Nase, Mann!

- Hast du einen fahren lassen!
  ↳ Gute Nase, Mann!

Dasselbe gilt aber nun auch, wenn jemand dir etwas vorwirft, was er von dir *gehört* hat. Jetzt musst du nur bei der Antwort von der Nase zu den Ohren wechseln. Schau, wie es klingt:

- Du sprichst doch nur Dialekt.
  ↳ Gute Ohren, Mann!

- Du lispelst.
  ↳ Gute Ohren, Mann!

- Du kannst ja nicht mal richtig Deutsch.
  ↳ Gute Ohren, Mann!

Und jetzt der weitaus häufigste Fall: Das meiste, womit man dich hänselt, ist über die Augen aufgenommen worden. Dann kannst du immer als Standard antworten:

- Du fettes, unappetitliches Warzenschwein!
  ↳ Gute Augen, Mann!

- Deine Kappe ist so was von hässlich.
  ↳ Gute Augen, Mann!

- Du bist ein Pickelgesicht.
  ↳ Gute Augen, Mann!

Wenn der Angreifer eine Frau ist, dann sagst du natürlich „Gute Augen, Frau!“

Geht bitte einmal zur Übung alle Angriffe durch, die du im Kapitel „Sammlung von Angriffen“ hinten im Buch findest, und übe, welche dieser drei Standardantworten du dort benutzen kannst. Du wirst überrascht sein, es klappt in acht von zehn Fällen!

Mach diese Aufgabe wirklich! Denn wenn du denkst, dass du dich nach einmaligem Lesen in der Angriffssituation dran erinnern wirst, dann täuschst du dich!

„Unerwartetes Zustimmen“ bei härteren Angriffen

Das unerwartete Zustimmen passt zunächst nur für Angriffe, die wirklich zutreffen und bei denen letztlich *keine* Beleidigung enthalten ist.

Wenn jemand sagt: „Du hast aber zugenommen in den Ferien“, da kannst du ohne Weiteres antworten: „Na klar, sieht man das nicht?“ Wenn er aber sagt: „Du bist eine fette Sau geworden“, so ist im Angriff eine Beleidigung drin – jetzt wird es heikler, dem zuzustimmen.

Hier habe ich aber für dich zwei Antworten entwickelt, mit denen du selbst solche harten Angriffe genauso parieren kannst.

- Du blöde Kuh!
  ➮ Glückwunsch, Mann! Du bist der Erste, der das korrekt erkannt hat.

Das ist eine Antwort, mit der du selbst bei solchen Beleidigungen immer noch gut aussiehst. Denn du machst einen Nachsatz, „Du bist der Erste, der das korrekt erkannt hat“, der ihn der Lächerlichkeit preisgibt.

Hier ist die zweite, genauso wirksame Antwort, die du ebenfalls bei beleidigenden Aussagen bringen kannst.

- Du blöde Kuh!
  ➮ Das hast du wunderbar beobachtet. Hätt ich dir gar nicht zugetraut.

Auch hier ist wieder der Nachsatz „Hätte ich dir gar nicht zugetraut“ die wichtige Ergänzung, die dich wieder in die überlegene Position bringt.

Damit du die Wirksamkeit dieser beiden Antworten erkennst, gebe ich dir nachfolgend drei unterschiedliche Beispiele, wo mit diesen Standardantworten gekontert wird.

- Das Drahtgestell in deinem Mund ist scheiße.
  ➮ Glückwunsch, Mann! Du bist der Erste, der das korrekt erkannt hat.

- Du Nutte!
  ➮ Glückwunsch, Mann! Du bist der Erste, der das korrekt erkannt hat.

- Du bist so ätzend.
  - ➯ Glückwunsch, Mann! Du bist der Erste, der das korrekt erkannt hat.

Hier noch einmal dieselben Angriffe, diesmal aber mit der zweiten Antwort gekontert:

- Das Drahtgestell in deinem Mund ist scheiße.
  - ➯ Das hast du wunderbar beobachtet. Hätt ich dir gar nicht zugetraut.

- Du Nutte!
  - ➯ Das hast du wunderbar beobachtet. Hätt ich dir gar nicht zugetraut.

- Du bist so ätzend.
  - ➯ Das hast du wunderbar beobachtet. Hätt ich dir gar nicht zugetraut.

Das Schöne an diesen zwei Antworten ist, dass sie sowohl bei Angriffen *ohne* Beleidigung funktionieren als auch bei Angriffen *mit* Beleidigung. Deshalb empfehle ich dir dringend, dass du dir mindestens eine dieser beiden Antworten ganz fest einprägst.

Wenn es etwas gibt in deinem Leben, wofür du dich schämst, dann ist das „unerwartete Zustimmen" die goldrichtige Methode. Ob du unmoderne Kleider hast, schwul bist, keine Freunde hast, schlechte Noten hast, geschiedene Eltern hast, dick bist, eine Behinderung hast … oder was auch immer. Du sollst dich nicht mehr rechtfertigen, nicht mehr herausreden, keine Erklärungen geben, wo es nichts zu erklären gibt.

Hier ein Grundsatz, den du dir dein Leben lang merken sollst:

Wer sich rechtfertigt und erklärt, der steht nicht zu sich, der verliert vor sich selbst.

Das sind Grundhaltungen, die hinter der Technik stehen. Die sind viel wichtiger als die Technik. Du sollst zu dir stehen, so wie du bist, was du tust, was du darstellst, zu deinen Eigenarten, zu deiner Herkunft, zu deinem Dialekt, zu deiner Behinderung und zu dem Körper, den du nun mal hast.

Das ist der Weg, um selbstbewusst zu werden. Denn es sind die selbstbewussten Menschen, die sagen: „Ja, so bin ich und es ist gut so!“ Handle mutig und du wirst mutig. Das ist das Prinzip. Du musst erst Dinge tun, die du dir eigentlich nicht zutraust, aber du tust sie trotzdem. Und so wächst dein Selbstwertgefühl.

Du wirst niemals allen gefallen, mit dem, was du tust, denkst, oder bist ... dessen kannst du dir sicher sein. Es wird immer Menschen geben, die irgendetwas an dir zu kritisieren haben. Mach niemals den Fehler, dass du denen auch noch krampfhaft gefallen willst. Denn du kannst sicher sein, dass dir das niemals gelingen wird. Akzeptiere einfach die Leute, die anderer Meinung sind als du, die andere Dinge für richtig und falsch halten als du. Verurteile sie nicht – aber du musst dich ihretwegen auch nicht ändern.

Wir mögen es, wenn Leute zu sich stehen. Und das ist auch die Strategie für dich. Steh ganz einfach zu dir, wie du bist, zu dem, was du hast und wo du herkommst.

- Du kommandierst hier die Leute herum!
  ➯ Ja, genau das tu' ich!

- Du willst doch hier nur mit möglichst wenig Arbeit durchkommen!
  ➯ Genau, absolut, das will ich!

Standards

Im Nachfolgenden findest du noch einmal die gesammelten Standards, für die Technik „Unerwartetes Zustimmen“. Bitte präge dir mindestens zwei davon ein.

- Du stinkst.
  ↳ Daran wirst du dich gewöhnen müssen.

- Du stinkst.
  ↳ Das siehst du absolut richtig.

- Du stinkst.
  ↳ So ist es - und es ist gut so.

- Du stinkst
  ↳ Das hast du gut erkannt (beobachtet).

- Du stinkst.
  ↳ Ja, na logisch.

- Du stinkst.
  ↳ Gott sei Dank!

- Du stinkst.
  ↳ Das hast du wunderbar beobachtet. Hätt ich dir gar nicht zugetraut.

- Du stinkst.
  ↳ Hey, Mann, ich gratuliere dir. Du bist der Erste, der das korrekt erkannt hat!

- Du stinkst.
  ↳ Ich hab einen Haufen Zeit dafür gebraucht.

- Du stinkst.
  ↳ Was du nicht sagst.

- Du stinkst.
  ↳ Na klar, was dachtest du denn?

- Du stinkst.
  ↳ Schön, dass du's auch schon merkst.

- Du stinkst.
  ↳ Stimmt, wer hat es dir verraten?

- Du stinkst.
  ↳ Das freut mich aber.

- Du stinkst.
  ↳ Du hast den Nagel auf den Kopf getroffen.

- Du stinkst.
  ↳ Ich kann es mir leisten.

- Du stinkst.
  ↳ Das war immer mein Ziel.

- Du stinkst.
  ↳ Solltest du auch mal probieren.

- Du stinkst.
  ↳ Du merkst aber auch alles!

- Du stinkst.
  ↳ Das ist mein Erfolgsgeheimnis.

- Du stinkst.
  ↳ Ja, ich lieeeebe es!

- Du stinkst.
  ↳ Gute Nase, Mann!

- Du siehst hässlich aus.
  ↳ Gute Augen, Mann!

- Du sprichst ja nicht mal richtig Deutsch.
  ↳ Gute Ohren, Mann!

- Du stinkst.
  ↳ Na klar, riecht man das nicht?

- Du siehst hässlich aus.
  ↳ Na klar, sieht man das nicht?

- Du sprichst ja nicht mal richtig Deutsch.
  ↳ Na klar, hört man das nicht?

Hier eine meiner Lieblingsantworten:

- Du stinkst!
  ↳ Das stimmt, aber es fühlt sich gut an ...

Der harte, aber wirksame Weg, unverwundbar zu werden

Nehmen wir an, dein wunder Punkt ist, dass du dick bist. Jetzt nimmst du deine beste Freundin /deinen besten Freund und sagst ihr, dass sie dich ständig und permanent mit diesem Angriff attackieren soll. Jeden Tag mindestens fünfzigmal. Tag für Tag, Woche für Woche, Monat für Monat. Und zwar sagst du ihr, dass sie dich mit den stärksten Schimpfworten angreifen soll, die du schon einmal gehört hast. Sie soll dir zum Beispiel sagen: „Du Fetttonne" oder „Du Riesen-Rollmops" oder „Du Fettwanst" oder „Du fettes, unansehnliches Warzenschwein" ... Jedes Mal, wenn du in der Schule einen neuen Angriff gehört hast, den du so noch nicht kanntest, dann schreibst du ihn dir auf und fügst ihn an diese Liste an.

Ziel dieser Übung ist es, dass du dich Stück für Stück an diese Beleidigungen *gewöhnst*. Dein Antwortmuster ist immer dasselbe. Du sagst mit einer gleichgültig klingenden Stimme: „Schön, dass du's auch schon merkst!"

Da kommt deine Freundin am Nachmittag zu dir, und bevor ihr eure Hausaufgaben macht, sagt sie dir zunächst einmal zwanzigmal „Du fettes Warzenschwein!". Jedes Mal antwortest du darauf: „Schön, dass du das auch schon merkst!" Du schaust dabei auf den Boden, während du diese Antwort gibst (du entziehst ihr dadurch die Kommunikation und zeigst ihr gleichzeitig, dass das nicht wichtig für dich ist). Erst wenn du diesen Spruch gesagt hast, schaust du deinen Angreifer wieder an und stellst ihm irgendeine Frage. Am besten immer dieselbe. Zum Beispiel: „Sind deine Eltern schon geschieden?"

Dann greift dich deine beste Freundin zwanzigmal mit dem Spruch „Du Fetttonne" an. Und auch hier erwiderst du mit dem immer selben Spruch und dem immer selben Blick auf den Boden. Du wirst sehen, nach ein, zwei Wochen machen dir diese

Angriffe immer weniger aus. Spätestens nach ein, zwei Monaten hast du einen dicken, undurchdringlichen Schutzschild um dich. Wenn dir dann plötzlich jemand in der Schule noch einmal eine dieser Beleidigungen sagt, dann wird es dich nicht mehr treffen und du kannst sie einfach an dir abprallen lassen. Deinen Angreifern ist die Freude vergangen, denn sie wollen, dass du leidest. Sie wollen, dass du blutest, nur dann haben sie Freude an dir. Wenn sie merken, dass du unverwundbar geworden bist, werden sie schnell die Lust an diesen Beleidigungen verlieren.

Wenn du mit deinem Schutzschild besonders schnell vorankommen willst, dann bittest du sogar deine Eltern und deine Geschwister um Mithilfe. Auch sie sollen dich ständig mit den härtesten Beleidigungen angreifen. Wenn du das von morgens bis abends von vielen unterschiedlichen Menschen, Menschen, die dich im Grunde lieben, hörst, dann kann dein Gehirn nicht mehr unterscheiden, ob derjenige, der das sagt, dich liebt oder dich beleidigen will. Im Zweifel wird sich dein Hirn für diejenige Version entscheiden, die es am häufigsten gehört hat. Und das ist die Version der Personen, die dich lieben.

Deshalb liebe Eltern: Ich weiß, es fällt Ihnen schwer, Ihr Kind scheinbar zu beleidigen. Aber es ist zum Wohle Ihres Kindes, wenn Sie es in dieser Form tun. Am Anfang kommen sich alle blöde und gehemmt vor, aber irgendwann gewöhnen auch Sie sich daran, so wie sich Ihr Kind auch daran gewöhnt – und das ist ja schließlich das Ziel. Sie können es Ihrem Kind sogar als Liebkosung sagen. Sie schauen es mit liebenden Augen an, sagen aber gleichzeitig: „Du fettes, unansehnliches Warzenschwein“. Irgendwann wird Ihr Sohn, Ihre Tochter dieses Wort für sich als Kosewort umdefiniert haben. So wie bei Liebespaaren, die bisweilen völlig abwegige Worte wie „Hexe“ so lange in liebevoller Weise wiederholt haben, bis sie als Kosewort wahrgenommen werden.

Die Elefantenhaut

Neben dem vorher beschriebenen System, schlage ich dir eine neue Möglichkeit vor, damit dich die Angriffe nicht mehr in der Seele treffen. Das funktioniert über eine Vorstellung: Du stellst dir einfach vor, du bist ein Schrank. Vor diesem Schrank steht ein Tisch. Alles, was man an dich „heranredet", wird zunächst auf den Tisch gestellt und kommt nur dann in den Schrank hinein, wenn du selbst die Türe des Schrankes aufmachst. Wenn du die Türe geschlossen lässt, dann bleibt der Angriff auf dem Tisch stehen. Er geht dich nichts an.

Jetzt sagt jemand beim Fußballspiel z.B. zu dir: „Du Versager, du triffst ja nicht mal den Ball!" Jetzt stellst du dir vor, der Angreifer hat diese Beleidigungen gerade auf deinen Tisch gestellt. Du lässt die Türe aber geschlossen und wischst den Angriff einfach wieder vom Tisch herunter. Er hat nichts mit dir zu tun, du lässt ihn nicht an dich heran, dein Inneres ist unbeschadet. Du hast ihn wie an einer Elefantenhaut abprallen lassen.

Dies ist eine einfache, aber wirksame Methode, um mit Hänseleien, Beleidigungen und Unverschämtheiten umzugehen. Aber Warnung: Auch das muss geübt werden. Nimm wieder deinen besten Freund/deine beste Freundin und lass dich von ihm/ihr mit mehreren Angriffen beleidigen.

Sammlung von Angriffen, mit Zustimmen gekontert

- Du solltest auf die Sonderschule gehen.
  ↳ Schön, dass du's auch schon merkst.

- Hallo, du Schlampe!
  ↳ Ja, na logisch!

- Du bist dumm.
  - ↳ Hey, Mann, ich gratuliere dir, du bist der Erste, der das korrekt erkannt hat!
  - ↳ Na klar, was dachtest du denn?

- Du hast einen fetten Arsch.
  - ↳ Gott sei Dank!

- Du bist voll behindert.
  - ↳ Das hast du wunderbar beobachtet. Hätt ich dir gar nicht zugetraut.

- Du machst sowieso immer blau.
  - ↳ Daran wirst du dich gewöhnen müssen.

- Ihr nehmt ja Drogen.
  - ↳ Schön, dass du's auch schon merkst.

- Hey, du hast ja keine Unterwäsche an.
  - ↳ Gott sei Dank!

- Du hast ja Silikontitten.
  - ↳ Schön, dass du's auch schon merkst.

- Du blöde Kuh.
  - ↳ Schön, dass du's auch schon merkst.

- Du bist ein Pickelgesicht.
  - ↳ Das hast du wunderbar beobachtet. Hätt ich dir gar nicht zugetraut.

- Du bist schwul!
  ↳ Gott sei Dank!

- Du bist zu dick!
  ↳ Daran wirst du dich gewöhnen müssen.

- Blonde kapieren nicht so schnell.
  ↳ Daran wirst du dich gewöhnen müssen.

- Deine Kappe ist so hässlich!
  ↳ Das hast du wunderbar beobachtet. Hätt ich dir gar nicht zugetraut.

- Motherfucker.
  ↳ Na klar, was dachtest du denn?

- Du kannst nicht mal Fußball spielen.
  ↳ Schön, dass du's auch schon merkst.

- Hey, du Streber, du hast ja sowieso wieder 'ne Eins oder Zwei.
  ↳ Das hast du wunderbar beobachtet. Hätt ich dir gar nicht zugetraut.

- Du fette Sau.
  ↳ Gott sei Dank!

- Nutte!
  ↳ Gott sei Dank!

- Du bist so ätzend.
  ↳ Schön, dass du's auch schon merkst.

- Du kannst das nicht!
  ↳ Das hast du wunderbar beobachtet. Hätt ich dir gar nicht zugetraut.

- Du bist so hohl im Kopf, am liebsten würd ich nicht mehr zu dir kommen.
  ↳ Ja, dann mach das mal!

- Schwule Sau!
  ↳ Gott sei Dank!

- Bei deinem Namen lass dich am besten umtaufen.
  ↳ Ja, genau, find ich auch.

- Das Drahtgestell in deinem Mund ist scheiße.
  ↳ Daran wirst du dich gewöhnen müssen.

- Keiner mag dich!
  ↳ Gott sei Dank!

- Du langer Lulatsch!
  ↳ Schön, dass du's auch schon merkst.

- Du stinkst.
  ↳ Na klar, was dachtest du denn?

- Dein Hemd hat ein Loch.
  ↳ Schön, dass du's auch schon merkst.

- Sag mal, putzt du dir ab und zu auch mal die Zähne?
  ↳ Nein!

- Du bist ja gar nicht von deinen Eltern, du bist ja nur adoptiert!

  ➪ Schön, dass du's auch schon merkst.

Der Name des Angreifers

Es gibt zwei universelle Verstärker, um jede schlagfertige Antwort in der Wirkung nach oben zu treiben. Ich gebe dir mal zwei Beispiele, an denen du den Unterschied in der Wirkung feststellen kannst.

Erste Version:

- Du bist ja gar nicht von deinen Eltern, du bist ja nur adoptiert!
  - ↳ Schön, dass du's auch schon merkst.

Zweite Version:

- Du bist ja gar nicht von deinen Eltern, du bist ja nur adoptiert!
  - ↳ Schön, dass du's auch schon merkst, Thomas.

In der zweiten Version habe ich am Ende der Antwort noch den Namen des Angreifers angefügt. Das verstärkt die Antwort insgesamt. Und deshalb die Regeln für dich:

Du verstärkst jede deiner Antworten, wenn du am Ende noch mal den Namen des Angreifers anfügst.

Dadurch wirkt sowohl deine Antwort als auch du selber souveräner.

Es ist sowieso sehr hilfreich, wenn du möchtest, dass der Beleidiger endlich aufhört dich zu hänseln, möglichst häufig den Namen des Beleidigers auszusprechen. Du erreichst dadurch, dass er eher ins Nachdenken kommt. Es ist ein Unterschied, ob du sagst: „Hast du noch niemals einen Fehler begangen?“ Oder aber du sagst: „Hast du noch niemals einen Fehler begangen, Thomas?"

Deine Antwort wirkt viel stärker und du wirkst viel souveräner.

Die Ablenkungsfrage

Jetzt gibt es noch einen zweiten Verstärker für jede Art des schlagfertigen Reagierens. Du machst Folgendes: Nachdem du die Antwort gegeben hast, wechselst du bewusst, strategisch geplant das Thema.

Du machst dir hier ein Phänomen des Hirns zunutze. Du hast ein Langzeitgedächtnis, ein Kurzzeitgedächtnis und ein Ultrakurzzeitgedächtnis. Der weitaus meiste Teil dessen, was wir hören, rauscht auf Nimmerwiedersehen durch das Kurzzeit- und Ultrakurzzeitgedächtnis hindurch. Wenn du es jetzt nur einmal schaffst, deinen Gesprächspartner mit seinem Gedanken auf einen anderen Punkt zu lenken, dann wird es für ihn nur mit sehr großer Mühe möglich, wieder auf den Ursprungsgedanken zurückzukommen.

Du kennst das aus eigener Erfahrung: Ihr seid mit einer Gruppe von vielleicht acht Leuten im Pausenhof. Ein ganz tolles, spannendes Gespräch ist im Gange. Jeder verspürt einen Drang, irgendetwas zum Gespräch beizutragen. Ein Wort gibt das andere. Plötzlich sagt einer in der Gruppe: „Du, Christian, sag mal, vor 10 Sekunden hast du was Gutes gesagt, sag das noch mal …, was war das noch mal?“ Acht Leute stehen in der Gruppe, alle zucken mit der Schulter, keiner weiß es mehr. Dieses Phänomen nützen wir aus!

Sobald ich den Gesprächspartner einmal mit Erfolg abgelenkt habe, muss sein Hirn verdammt viel arbeiten, um noch mal auf den Ursprungsgedanken zurückzukommen. Und dieser Ursprungsgedanke war in diesem Fall der Angriff! Jetzt gibt es einen Trick, wie du jederzeit die Gedanken eines anderen in eine beliebige Richtung steuern kannst. Ich will dir das einmal demonstrieren. Lies den nächsten Satz und beobachte, was deine Gedanken machen.

Wie sieht das Sofa in eurem Wohnzimmer aus?

Sofort rast dein Gedanke zum Sofa in eurem Wohnzimmer. Du kannst dich dem kaum entziehen.

Hier noch ein zweites Beispiel, bei dem du wieder deine Gedanken beobachten sollst.

Wo warst du das letzte Mal in Urlaub?

Wieder rast dein Gedanke in das Urlaubsgebiet, wo du das letzte Mal mit deiner Familie hingefahren bist.

Der Trick besteht darin, dass du dem Angreifer eine *Frage* stellst. Der Angreifer kann nicht anders, als dass sein Hirn fast zwanghaft zum Inhalt dieser Frage rauscht. Und so machen wir das systematisch mit allen Techniken. Nachdem wir eine knackige Antwort gegeben haben, mit egal welcher Technik, stellen wir eine Frage, die nur die Funktion hat, den Angreifer abzulenken. Ablenken von dem, was gerade passiert ist – und das war der Angriff!

Schau dir das an einem Beispiel mit der Technik „Unerwartetes Zustimmen“ an:

- Du solltest auf die Sonderschule gehen.
  ➷ Schön, dass du's auch schon merkst. Was machst du übrigens heute Nachmittag?

- Hallo, du Schlampe!
  ➷ Ich hab einen Haufen Zeit dafür gebraucht. Weißt du, ob Englisch heute ausfällt?

- Du bist dumm.
  ➷ Hey, Mann, ich gratuliere dir. Du bist der Erste, der das korrekt erkannt hat! Welche Farbe hat eigentlich das Auto von deinem Vater?

Wichtig ist, dass du mit der Frage nicht im Thema bleibst. Du musst wirklich ablenken. Wenn du es nicht tust, dann vergibst du eine Möglichkeit. Zum Beispiel:

- Du solltest auf die Sonderschule gehen.
  ↳ Schön, dass du's auch schon merkst. Hast du Geschwister, die auf die Sonderschule gehen?

Diese Frage am Ende ist nicht so hilfreich, da sie beim Thema „Sonderschule" bleibt. Jetzt kreisen die Gedanken des Angreifers immer noch um dieses Thema, du hast das Thema noch nicht als unwichtig deklariert, du bist noch nicht aus dem Schneider. Besser ist, wenn du eine Frage stellst, die komplett weg vom Thema führt. Wie in dem Beispiel, das ich dir oben zuerst gegeben habe:

- Du solltest auf die Sonderschule gehen.
  ↳ Schön, dass du's auch schon merkst. Was machst du übrigens heute Nachmittag?

Es gibt Fragen, die sind wirklich nur dazu da, den anderen ab zulenken. Zum Beispiel: „Hatten wir in Englisch Hausaufgaben auf?" Aber es gibt auch Fragen, die bringen den Angreifer in die Defensive.

Zum Beispiel:

- Du hast einen fetten Arsch.
  ↳ Gott sei Dank! Sind deine Eltern eigentlich immer noch zusammen?

In der nachfolgenden Frage hast du einen versteckten Vorwurf platziert. Das bringt den Angreifer stärker in die Defensive. Hier noch zwei Beispiele:

- Du bist voll behindert.
  ➭ Das hast du wunderbar beobachtet. Hätt ich dir gar nicht zugetraut. Spielst du immer noch mit Barbie?

- Du machst sowieso immer blau.
  ➭ Daran wirst du dich gewöhnen müssen. Hast du jetzt endlich dein erstes Barthaar bekommen?

Es gibt ein Zauberwort, das dir immer sofort hilft, eine gute Ablenkungsfrage zu finden: Dieses Wort heißt „übrigens ...“. Nachdem du die Antwort gegeben hast, sagst du einfach „übrigens“ und dein Hirn tut dir den Gefallen und will dir gleich eine passende Frage zur Verfügung stellen.

Lass uns gleich einmal den Versuch unternehmen. Hier kommen drei Angriffe und du versuchst jetzt bitte eine Ablenkungsfrage zu finden.

- Du hast einen fetten Arsch.
  ➭ Gott sei Dank! Übrigens ...?

- Du bist schwul!
  ➭ Gott sei Dank! Übrigens ...?

- Du bist zu dick!
  ➭ Daran wirst du dich gewöhnen müssen. Übrigens ...?

Standard-Ablenkungsfragen:

Im Folgenden habe ich dir eine Sammlung von Ablenkungsfragen aufgeschrieben. Damit hast du immer eine Auswahl, *was* du fragen kannst. Die meisten dieser Fragen sind universell, die kannst du wirklich auswendig lernen, denn sie passen fast immer. Weiter unten hast du auch solche Fragen, die den Angreifer nicht nur ablenken, sondern zusätzlich in die Defensive drängen.

- Wie bist du heut in die Schule gekommen?
- Was machst du heute Nachmittag?
- Was hattest du in der letzten Englisch-Ex?
- Wohin fahrt ihr dieses Jahr in die Ferien?
- Was haben wir eigentlich in Mathe als Hausaufgabe auf?
- Was willst du eigentlich später mal werden?
- Welche Farbe hat das Auto von deinem Vater?
- Weißt du, ob Englisch heute ausfällt?

Fragen, die den Angreifer in die Defensive drängen:

- Sind deine Eltern schon geschieden?
- Sind deine Eltern immer noch zusammen?
- Hast du jetzt endlich dein erstes Barthaar bekommen?
- Spielst du immer noch mit Barbie?
- Hast du gestern wieder heimlich mit Barbie gespielt?
- Hast du gestern wieder heimlich Sesamstraße geschaut?
- Hast du diesmal in Mathe eine bessere Note?
- Kannst du die Zäpfchen jetzt wieder absetzen?
- Wann musst du eigentlich wieder ins Heim zurück?

Es gibt jetzt noch eine sehr spezielle Art der Ablenkungsfrage. Sie wird zwar weiter hinten im Kapitel „Verwirren als Strategie“ auf Seite 101 noch einmal behandelt, aber ich will sie hier schon einmal vorab erwähnen, weil sie auch hier sehr gut angewendet werden kann. Das ist eine zweistufige Verwirrantwort, die für sich allein schon eine sehr große Wirkung hat. Wenn du sie als *Ablenkungsfrage* hinten anfügst, dann hast du den Oberhammer als Antwort. Hier ein Beispiel:

- Du hast einen fetten Arsch.
  ➪ Schön, dass du das auch schon merkst. (Jetzt die Ablenkungsfrage) Übrigens, was willst du mal werden?
- Weiß ich nicht. (Die Antwort ist egal)
  ➪ Na siehst du!

Und dann gehst du einfach weg.
Hier noch zwei weitere Beispiele:

- Du hast einen fetten Arsch.
  ➪ Schön, dass du das auch schon merkst. Übrigens, weißt du, ob Englisch heute ausfällt?
- Ne, davon hab ich nichts gehört! (Die Antwort ist egal)
  ➪ Na siehst du! (Und weggehen)

- Du hast einen fetten Arsch.
  ➪ Schön, dass du das auch schon merkst. Übrigens, wo liegt bei dir eigentlich die Zirbeldrüse?
- Hä, was ist das? (Die Antwort ist egal)
  ➪ Mensch, nicht mal das weißt du. (Und weggehen)

Der Blick zu Boden während der Antwort

Hier ein Trick, wie du deine Antwort dramatisch in der Wirkung verstärken kannst.

Während du die Antwort gibst, ziehst du deinen Blick nach unten auf den Boden oder auf den Tisch. Das erhöht die Wirkung deiner Antwort dramatisch. Du signalisierst dem Angreifer dadurch, dass dich sein Angriff kaltgelassen hat. Durch den Blickentzug bei der Antwort demonstrierst du Gleichgültigkeit. Das funktioniert wunderbar.

Ich gebe dir nun eine Anweisung, wie du das konkret machen sollst. Nehmen wir an, der Angriff lautet: „Deine Schultasche ist doch nur bei Aldi gekauft." Deine vorbereitete Antwort würde lauten: „Du merkst aber auch alles!" Gehen wir einmal Schritt für Schritt dein Vorgehen durch.

- Deine Schultasche ist doch nur bei Aldi gekauft.

Du hast den Angriff gehört, jetzt entziehst du dem Angreifer den Blickkontakt und schaust gelangweilt auf die Tischplatte vor dir. Und erst *jetzt,* mit dem Blick auf den Tisch, sagst du ihm im gelangweilten Ton: „Du merkst aber auch alles!" Und nur danach nimmst du wieder Blickkontakt mit ihm auf und stellst ihm eine Frage: „Hast du diesmal in Mathe eine bessere Note?"

Angriff

Antwort mit Blick zu Boden

Wieder Blickkontakt aufnehmen und Ablenkungsfrage stellen

Dies ist eine unheimlich wirksame Methode, um deine Antwort in der Wirkung noch weiter nach oben zu treiben. Das musst du unbedingt gleich ausprobieren. Denn man glaubt es nicht, wenn man es nicht selbst erlebt hat.

Hier noch einmal die Vorgehensweise, wie du es prinzipiell machen sollst:

1. Der Angriff kommt.
2. Du wendest den Blick weg von ihm auf den Boden oder auf den Tisch,
3. Du sagst gelangweilt einen Spruch von den Standards „Unerwartetes Zustimmen“.
4. Du schaust ihn wieder an und stellst eine Ablenkungsfrage.

Probier es bitte gleich mit deinem besten Freund/deiner besten Freundin aus. Und mach am besten auch gleich die Gegenprobe. Gib dieselbe Antwort „Du merkst aber auch alles!“ einmal, indem du den Angreifer dabei anschaust, und ein zweites Mal, indem du bei der Antwort auf den Boden schaust. Die Unterschiede sind riesig!

Jetzt noch einmal zusammenfassend, wie du beim „unerwarteten Zustimmen“ vorgehen sollst.

Da kommt der Angriff: „Du fette Tonne!“ Jetzt entziehst du ihm zunächst einmal den Blick, schaust gelangweilt auf den Tisch vor dir und sagst mit gelangweilter Stimme:

➷ Hey, Mann, ich gratuliere dir. Du bist der Erste, der das korrekt erkannt hat!

Jetzt erst nimmst du wieder Blickkontakt auf und schiebst eine Ablenkungsfrage hinterher:

➷ Was haben wir eigentlich in Mathe als Hausaufgabe auf?

Hier noch einmal die Vorgehensweise auf einen Blick:

- Du fette Tonne!
  - ➷ (Blickentzug) Hey, Mann, ich gratuliere dir. Du bist der Erste, der das korrekt erkannt hat!
  - ➷ (Ihn wieder anschauen) Was haben wir eigentlich in Mathe als Hausaufgabe auf?

Aber aufgepasst: Das Ganze musst du trainieren, trainieren, trainieren. Denn du musst wissen, ohne Training nützt das ganze Buch überhaupt nichts.

Maßlos übertreiben

Die Sache hatte sich in der Pause zugespitzt. Lukas hatte in Mathe wieder eine Fünf bekommen. Das war schon die zweite in diesem Jahr. Er war zwar nicht der Einzige, aber schon bei der ersten Fünf war er von den anderen gehänselt worden. Lukas kratzte das aber nicht. Irgendwie behielt er trotzdem seine gute Laune. Er wusste tief drinnen, er würde das Jahr bestehen, da gab's gar keinen Zweifel. Er ging über den Pausenhof zu seiner Clique, die dort wie immer stand. Er stellte sich dazu und hörte, dass sie gerade über die Mathearbeit redeten. Als sie ihn bemerkten, sagte einer: „Lukas, du solltest auf die Sonderschule gehen." Lukas lächelte verschmitzt und erwiderte – blitzschnell: „Super, weil ich bis jetzt nur auf der Baumschule war." Die ganze Clique bog sich vor Lachen. So eine Antwort hatte niemand von ihm erwartet. Und für den Rest des Schuljahrs machte keiner mehr eine Bemerkung über seine Noten.

Solch eine Antwort verschaffte ihm Respekt.

„Komm, Jimmy, du liest doch auch immer die Heftchen mit den nackten Frauen." – Ein Millionenpublikum schaut zu. Jimmy Hartwig, prominenter ehemaliger Profi-Fußballer, ist zu Gast bei Stefan Raab in seiner TV-Sendung. Jimmy Hartwig antwortet: „Ja, na klar. Ich hab sogar ständig 'ne aufblasbare Puppe im Kofferraum." Selbst Stefan Raab musste lachen. Eins zu null für Jimmy Hartwig.

Die beiden Antworten gehorchen ein und derselben Schlagfertigkeits-Technik. Dem „maßlosen Übertreiben". Das Schema ist eigentlich ganz einfach. Du hörst einen Vorwurf, aber statt etwas dagegen zu sagen, sagst du einfach „Stimmt", und übertreibst danach derart maßlos, dass der Vorwurf im Witz zerplatzt.

- Du bist dumm (doof, blöd).
  - ➾ Stimmt, ich steig beim Auto immer hinten ein.
  - ➾ Weißt du, ich bin Hirnspender.

- Hallo, du Schlampe!
  - ➾ Was denkst du, womit ich mein Taschengeld verdiene?

- Du hast einen fetten Arsch.
  - ➾ Ja, ich vermiete ihn immer als Werbeplakatwand.
  - ➾ Und einen Werbevertrag von Paulaner!

- Dusch dich mal!
  - ➾ Ich lebe im Kuhstall, da gibt es keine Dusche!

Diese Technik des „maßlosen Übertreibens“ ist allein deshalb schon so gut, weil du dabei lernst, über dich selbst zu lachen und dich nicht so ernst zu nehmen. Du kannst zeigen, dass du dich durch den Angriff nicht getroffen gefühlt hast. Auf der anderen Seite tust du mit so einer Antwort keinem weh, bringst den Angreifer selbst zum Lachen und wirst bei den anderen als cool angesehen.

Übung: Such dir die Angriffe, mit denen du bisher immer attackiert wurdest, heraus und versuche mit dieser Technik des „maßlosen Übertreibens“ eine coole Antwort zu finden.

- Du blökst wie ein Hammel.
  - ➾ Ich stinke auch so.

- Hast du schon mal einen Rechtschreibkurs besucht?
  - ➾ Nein, ich übe gerade lesen.

- Mensch, bist du doof.
  - ➾ Ja genau, ich benutze den Staubsauger als Haarföhn.

- Siehst du heute mies aus!
  - ↳ Ich war heute Morgen beim Arzt und der wollte mir schon den Totenschein ausstellen.

Die übertriebene Zustimmung kannst du sowohl als witzige Bemerkung zu Situationen benutzen oder aber als Erwiderung auf Angriffe. In beiden Fällen nimmst du einen Sachverhalt, hier in unserem Fall den Vorwurf, und übersteigerst ihn ins Uferlose.

Die Übertreibung lebt davon, dass du den Regler nicht nur an den Anschlag schiebst, sondern sogar noch weiter darüber hinaus. Du konstruierst ein weit hergeholtes Szenario, das es so in der Realität nicht gibt.

- Du schwitzt unter den Achseln.
  - ↳ Mein Nachbar duscht sogar immer darunter.

Du musst beim Übertreiben darauf achten, dass du möglichst absurde Szenen schaffst. Denke auch an eine weit hergeholte Konsequenz, wenn du den Vorwurf bis zum Exzess treibst.

- Kannst du dir nicht mal die Ohren putzen?
  - ↳ Nein, da will ich Kartoffeln anpflanzen.

Das bekannte Grundprinzip der Schlagfertigkeit, das indirekte Ausdrücken, musst du natürlich auch hier beachten. Je mehr der Angreifer durch die Erwiderung sozusagen „rückwärts" ergänzen muss, desto witziger wirkt sie. Der Angreifer muss erst im Nachhinein erschließen können, in welchem Szenario er gelandet ist.

Wenn beispielsweise jemand sagt: „Mein Gott, hast du zugenommen!" und du antwortest: „Stimmt, ich bin dick wie ein Wal", so ist das zwar übertrieben, aber es wirkt trotzdem noch nicht schlagfertig. Es ist zu direkt ausgedrückt. Wenn du hingegen sagst:

„Stimmt, die von Greenpeace haben mich gleich vom Strand ins Wasser zurückgezogen“, so hast du besser geantwortet, weil durch diese Bemerkung erst der Rückschluss gezogen werden muss, dass du wohl mit einem gestrandeten Blauwal verwechselt worden bist.

Hier zwei Standards für dich, die du oft auf egal welchen Angriff einfach so erwidern kannst:

- Deine Zahnspange ist hässlich.
  ↳ Stimmt, ich bin jetzt im Guinness-Buch der Rekorde.

- Deine Zahnspange ist hässlich.
  ↳ Du hättest mich mal gestern erleben sollen.

Diese beiden Antworten kannst du dir als Standard einprägen. Sie passen sehr oft.

↳ Stimmt, ich bin jetzt im Guinness-Buch der Rekorde.
↳ Du hättest mich mal gestern erleben sollen.

Versuch mal gleich zur Übung, auf die folgenden Angriffe einfach immer einen der beiden Standards als Antwort zu geben.

- Du wirst ja immer rot. → …
- Ihr nehmt ja Drogen. → …
- Hey, du hast ja keine Unterwäsche an. → …
- Du hast ja einen Silikonarsch. → …
- Du bist ein Pickelfresser. → …
- Du fickst ja mit jedem. → …
- Du bist ja eine fette Tonne. → …

- Blonde kapieren nicht so schnell. → …
- Deine Kappe ist so hässlich! → …
- Pass doch auf! Schau mal, wo du hintrampelst. → …
- Du kannst nicht mal Fußball spielen. → …

Aber wie fallen dir jetzt solche maßlos übertreibenden Antworten ein? Es gibt dafür wieder Vorgehensweisen, wie man mit einem bestimmten Gedanken speziell auf Übertreibungen kommen kann.

Mach einen Beruf daraus

- Du wirst ja immer rot.
  ↳ Ja, kürzlich wollte mich sogar jemand als Tomate kaufen.

Diese Antwort wirkt viel lustiger, als wenn du sagen würdest: „Ja, stimmt, rot wie eine Tomate."

Warum? Weil das geschilderte Szenario absurder ist. Das ist ein Prinzip von schlagfertigen Antworten: Je absurder das Szenario, desto schlagfertigen und lustiger wirkt es. Absurd wird es sehr oft, wenn man übertreibt, indem man aus dem Vorwurf eine Art Beruf macht. Du sagst, dass du jetzt einen Beruf aus dem Objekt des Vorwurfs machen willst oder dass du ein Engagement hast, in dem du den Vorwurf ausübst oder dass du solche Vorfahren hast oder dass du so etwas schon einmal in einem früheren Leben gewesen wärst usw.

Nehmen wir mal den Vorwurf von oben und spielen ihn in unterschiedlichen Varianten durch.

- Du wirst ja immer rot.
  - ➷ In meiner Freizeit arbeite ich als Tomate.
  - ➷ Meine Vorfahren waren Tomaten.
  - ➷ Im früheren Leben war ich eine Tomate.
  - ➷ Auf dem Gemüsemarkt habe ich ein Engagement als Mustertomate angeboten bekommen.

Diese Übertreibungsmöglichkeit mit dem Beruf eignet sich meist dann, wenn man dich auf körperliche Misslichkeiten aufmerksam macht. Da sagt jemand zum Beispiel: Du hast 'ne Zahnspange, du bist fett, du siehst beschissen aus, deine Frisur ist zum Weglaufen, du langer Lulatsch, du Knirps usw. In solchen Fällen klappt es besonders gut.

Einleitende Sätze, mit denen du eine Übertreibung als Beruf einleiten kannst:

- ➷ Ich hab ein Engagement als ...
- ➷ In meiner Freizeit arbeite ich als ...
- ➷ Meine Vorfahren waren ...

- Ich finde, du siehst schon alt aus.
  - ➷ Stimmt, sie wollten mich schon als Ötzi-Double einsetzen!
  - ➷ Stimmt, ich werde im Archäologischen Museum manchmal als Versteinerung ausgestellt.

- Deine Zahnspange ist hässlich.
  - ➷ Ich hab 'nen Job als Stacheldraht.

- Du siehst beschissen aus.
  - ➷ Weißt du, meine Vorfahren waren Sumpfkröten.
  - ➷ Sie wollen mich jetzt sogar als Hauptfigur im Frankenstein-Film haben.

- Deine Frisur ist zum Weglaufen.
  - ➯ Ich hab ein Engagement als Urwald-Imitation.

- Du langer Lulatsch!
  - ➯ Ich werde demnächst in 'nem Film als Eiffelturm eingesetzt.

- Du Knirps!
  - ➯ In meiner Freizeit arbeite ich als Schlüsselanhänger.

Hier einige Erwiderungsmöglichkeiten nach diesem Schema, wenn du ein paar Pfunde zu viel hast und sie dich deswegen hänseln.

- Du bist fett.
  - ➯ Stimmt, am Wochenende arbeite ich als Heißluftballon.
  - ➯ Stimmt, ich arbeite als Rohstoffquelle für 'ne Butterfabrik.
  - ➯ Stimmt, ich arbeite für Greenpeace als Wal-Attrappe.
  - ➯ Weißt du, meine Vorfahren waren Sumo-Ringer.
  - ➯ Stimmt, ich arbeite als Hefeteig.

Mach einen schlimmeren Vergleich

- Du hast schon wieder 'ne Fünf in Mathe.
  - ➯ Ja, warte erst mal auf meine Englischnote!

Eine besonders einfache Art, um mit der übertriebenen Zustimmung immer schöne Erwiderungen zu finden, ist, dem Vorwurf ein noch schlimmeres Verhalten gegenüberzustellen. Du leitest deine Antwort ein mit: „Ja, warte mal ..." oder „Du müsstest mich erst mal …“.

- Du sprichst so laut.
  ↳ Ja, du müsstest mich erst mal beim Singen erleben!

Diese Antwortmöglichkeit ist sehr universell und funktioniert bei der Mehrzahl aller Vorwürfe.

- Beim Fußballspielen bist du die Oberflasche.
  ↳ Ja, du solltest mich erst mal beim Schwimmen sehen.

- Dein T-Shirt könnte auch wieder mal eine Wäsche vertragen.
  ↳ Wart mal ab, bis du meine Unterhose siehst.

- Du hast da ’nen Pickel im Gesicht.
  ↳ Du solltest erst mal mein Knie sehen.

- Du kannst nicht mal Hochdeutsch reden.
  ↳ Ich kann nicht mal Hochdeutsch schreiben.

Hier der Anfang eines Satzes, der dir hilft, mit dieser Technik schnell eine Antwort zu finden.

↳ Du solltest erst mal … sehen.

Hier vier Angriffe für dich zum Selberüben.

- Deine Eltern sind arm.
- Dein Hemd hat ein Loch.
- Sag mal, putzt du dir ab und zu auch mal die Zähne?
- Du bist eine Nutte.

Lösung:

- Deine Eltern sind arm.
  ↳ Du kennst meinen Onkel noch nicht!

- Dein Hemd hat ein Loch.
  ↳ Ja, du solltest erst mal meine Strümpfe sehen!

- Sag mal, putzt du dir ab und zu auch mal die Zähne?
  ↳ Du solltest erst mal meine Füße riechen.

- Du bist eine Nutte.
  ↳ Du kennst meine Tante noch nicht!

Hier ist eine Standardantwort, die du in sehr vielen Fällen einfach anwenden kannst:

- Du schreibst wie ein Ferkel.
  ↳ Du hättest mich mal gestern erleben sollen.

- Sag mal, putzt du dir ab und zu auch mal die Zähne?
  ↳ Du hättest mich mal gestern erleben sollen

- Du bist eine Nutte.
  ↳ Du hättest mich mal gestern erleben sollen.

- Du stinkst.
  ↳ Du hättest mich mal gestern erleben sollen.

Sammlung von Angriffen, mit Übertreiben gekontert

- Du machst sowieso immer blau. → Sei froh, dass ich überhaupt noch erscheine.
- Ihr nehmt ja Drogen. → Stimmt, wir exportieren jetzt sogar nach Kolumbien. → Willst du einen Nebenjob? Wir suchen Erntehelfer auf meiner Haschischplantage.
- Hey, du hast ja keine Unterwäsche an. → Sei froh, normalerweise trag ich gar nichts.
- Du hast ja einen Silikonarsch. → Du solltest mal meine Brüste sehen.
- Du hast ja Silikontitten. → Du solltest mal meinen Hintern sehen.
- Du bist ein Pickelgesicht. → Ja, die von der NASA wollen es als Marstestgelände mieten.
- Du bist ein Pickelfresser. → Ja, jeden Morgen mit Müsli.
- Du fickst ja mit jedem. → Nein, nur in Berlin gibt's noch einen, mit dem hatt ich noch nichts! Kommt aber noch!
- Du bist zu dick! (Du bist eine fette Tonne … usw.) → Stimmt, kürzlich ist sogar die Hinterachse vom Bus gebrochen. → Stimmt, im Sommerurlaub haben die von Greenpeace mich gleich vom Strand ins Wasser zurückgezogen. → Ich darf nicht mehr Flugzeug fliegen, weil es nicht mehr vom Boden hochkommt. → Stimmt, kürzlich kam ich zu 'ner Gartenparty und die dachten, ein Heißluftballon wäre gelandet. → Ja, ich arbeite auf eine eigene Atmosphäre hin! → Eine Eiche braucht 300 Jahre, um diesen Umfang zu erreichen. → Noch hab ich mein Ziel nicht erreicht. → Stimmt, ich bin jetzt sogar im Guiness-Buch der Rekorde.
- Blonde kapieren nicht so schnell. → Oh, kannst du mir helfen, wie macht man eine Türe auf?

- Hast du gefurzt? → Na klar, glaubst du, ich stink immer so?
- Deine Kappe ist so hässlich! → Die wollten sie nicht mal in der Müllverbrennung annehmen.
- Hast du das T-Shirt neu? Weil es nämlich etwas komisch aussieht. → Die meisten denken, ich hab 'nen Regenschirm an.
- Pass doch auf! Schau mal, wo du hintrampelst. → Nach Schulschluss arbeite ich als Straßenfrosch.
- Schlampe! → Was denkst du, wovon ich lebe?
- Beim Fußballspiel: Triff mal den Ball. → Wie soll ich den Ball treffen, ich treff ja nicht mal den Mund beim Essen.
- Du kannst nicht mal Fußball spielen. → Aber Gameboy auch nicht.
- Hey, du Streber, du hast ja sowieso wieder 'ne Eins oder Zwei. → Demnächst geb ICH hier den Unterricht.
- Du musst ins Bordell, du Nutte! → Nee, auf der Straße verdien ich mehr.
- Du Fettwanst, nimm den Ball mal richtig an. → Ich kann nicht mal ein Weihnachtsgeschenk annehmen.
- Du bist so ätzend. → Meine Eltern benutzen mich sogar als Abbeizer für Möbel.
- Du bist sooo schlecht! → Stimmt, ich hab grad gelernt, wie man Schuhe zubindet.
- Du kannst einfach gar nichts. → Stimmt, kann mir mal jemand erklären, wie man einen Lichtschalter bedient.
- Du bist so hohl im Kopf, am liebsten würd ich nicht mehr zu dir kommen. → Ok, Pech gehabt.
- Schwule Sau! → Ja, wir machen jetzt 'ne Schweinezucht auf.
- Keiner mag dich! → Stimmt, nicht mal Bakterien wollen an mich ran.
- Du stinkst! → Warte, bis ich die Schuhe ausziehe.

Wie bei jeder anderen Technik auch, kannst du die Wirkung dramatisch verstärken, indem du danach eine Ablenkungsfrage stellst. Bitte geht zum Training noch einmal einige Angriffe aus diesen Kapiteln durch und ergänzt sie durch eine Ablenkungsfrage, wie im Kapitel „Die Ablenkungsfrage“ auf Seite 35 besprochen.

Dein Körper spricht zuerst

Hast du einmal im Schulhof beobachtet, wie die anderen dastehen, wenn sie in Gruppen zusammen sind? Schau dir mal genau an, wie diejenigen stehen, die immer das Sagen haben, und dann schau dir im Vergleich dazu diejenigen an, die immer eins auf die Mütze kriegen. Die „Starken“ erkennt man allein daran, dass sie eine andere Körperhaltung haben. Sie stehen aufrecht, sprechen laut und haben einen sicheren Blick. Das mag vielleicht nicht in 100 Prozent der Fälle so sein, aber in den Fällen, in denen sie sich „stark verhalten“ – sei es, dass sie einen niedermachen oder sich gegen Lehrer aufführen –, wirst du einen großen Unterschied feststellen.

Jetzt geht es einfach darum, dass du diese selbstbewusste Körpersprache auch anwendest. Dann werden die anderen dich viel ernster nehmen.

Man hat Untersuchungen gemacht, wonach das, was du redest, nur zu 20 Prozent nach deinen Worten beurteilt wird, aber zu 80 Prozent nach deiner Körpersprache. Das ist viermal so viel! Zur Körpersprache zählt, wie du stehst, mit welcher Stimme du sprichst und wie du die anderen anschaust.

Wenn du den Versuch machst, einen identischen Satz einmal mit einer Körperhaltung von großem Selbstbewusstsein und einmal mit einer Körperhaltung von geknicktem Selbstbewusstsein auszusprechen, wirst du Eiswürfel staunen, welchen Unterschied das macht.

Mach dir einfach mal den Spaß, diejenigen, die du insgeheim bewunderst, genau anzuschauen, wie sie stehen, wie sie ihren Kopf halten, wie sie die Hände halten ... dann mach es einfach nach. Imitiere ihren Gang, ihr Stehen, ihre Gesten ... usw. und schaue dann, wie die anderen auf dich reagieren. Du musst um Himmels willen nicht alles übernehmen, aber probiere es einfach aus! Wenn du bessere Ergebnisse damit hast, dann behalte es bei. Wenn nicht, dann lass es weg!

Wenn du Menschen mit großem Selbstbewusstsein siehst, dann wirst du beobachten, dass sie sich immer gerade und aufrecht halten, sie laufen und stehen wie ein kerzengerade gewachsener Baumstamm. Wenn auch du dich so hinstellst, wenn du so läufst, dann bekommen die anderen über deine Körperhaltung ein Signal, mit „wem sie es zu tun haben“, und sie werden auch entsprechend anders auf dich reagieren. Sie nehmen dich einfach ernster, deine Worte bekommen mehr Gewicht.

Opfer-Körperhaltung

Täter-Körperhaltung

Nun gib es einen Trick, wie du Selbstbewusstsein ausstrahlen kannst, obwohl du dich vielleicht nicht danach fühlst. Zunächst drei Methoden, wie du deine Körperhaltung auf Baumstamm-Niveau bringst.

Der Trick mit dem Haken

Stell dich doch bitte einmal aufrecht hin. Geh jetzt leicht in die Knie. Stell dir vor, oben an deinem Kopf ist ein Haken befestigt. Lass deine Hände fallen. Jetzt kommt von oben ein Seil mit einer Schlaufe daran. Das Seil ist an einem Kran aufgehängt. Der Kranführer führt das Seil jetzt in den Haken ein und beginnt das Seil Millimeter für Millimeter anzuziehen. Du spürst ein leichtes Ziehen in der Schädeldecke. Noch hast du Luft in den Kniekehlen und richtest dich langsam auf … Du streckst deine Beine und du spürst einen Schmerz in der Schädeldecke. Du gehst dem Schmerz nach, es wird zu einem Reißen. Schau nach oben, in Richtung des Seiles. Geh dem Seil nach, so weit es irgendwie geht. Stell dich auf die Zehenspitzen, geh so weit du kannst, mit dem Kopf Richtung Seil … Lass dich dann auf die Fußballen zurückfallen. Schaue einfach geradeaus in die Ferne. So wie du jetzt stehst, hast du das Maximum an selbstbewusster Haltung erreicht.

So lauf herum!

Achtung: Wer selbstbewusst ist, hat immer durchgestreckte Beine. Mit einem eingeknickten Bein wirkst du wie ein Opfer.

Bitte mach den Test mit deiner besten Freundin, mit deinem besten Freund. Stell dich einmal hin mit einem angewinkelten Bein und einem durchgestreckten Bein und danach strecke beide Beine durch. Deine Freundin oder dein Freund soll dir sagen, wie du wirkst. Das ist heilsam! Und dann soll er dich immer wieder im Pausenhof aufmerksam machen, wenn du wieder mal mit eingeknicktem Bein dastehst. So lange, bis du es verinnerlicht hast.

Der Trick mit der Wand

Dieser Trick ist sehr einfach. Stell dich mit dem Rücken zur Wand und achte darauf, dass dein Rücken in seiner ganzen Länge flach an die Wand gedrückt ist. Deine Fersen sollten ebenfalls Kontakt zur Wand haben. Wenn du breitflächig Kontakt zur Wand spürst, laufe in dieser Körperposition von der Wand weg. So hast du ebenfalls die optimale Körperhaltung. Wenn du das ein paarmal geübt hast, kannst du auch ohne reale Wand, nur durch die Vorstellung, deinen Körper an einer imaginären Wand ausrichten.

Der Trick mit dem Korb

Hast du schon einmal Bilder von Afrikanerinnen gesehen, die Lasten auf ihrem Kopf transportieren? Deren Körperhaltung ist absolut kerzengerade. Von der Balance her können sie gar nicht anders. Und das ahmen wir nun nach. Stell dir vor, du hättest einen Korb auf deinem Kopf, in dem eine große Melone liegt. Jetzt lauf mit diesem gedachten Korb einen Schritt nach vorne und einen Schritt zurück und beachte dabei, dass die Melone nicht von deinem Kopf fallen darf. Mit der gedachten Melone auf dem Kopf stellst du dich vor die anderen. Jetzt wirkst du selbstbewusst.

Probiere alle drei Methoden aus und schau, wie du am besten eine selbstbewusste Körperhaltung bekommst. Diejenige, die dir am besten passt, die behältst du bei. Die anderen beiden vergisst du wieder.

Was du aber nicht vergessen darfst, sind die immer durchgestreckten Beine.

Damit du absolut selbstbewusst wirkst, kommen jetzt neben der geraden Baumstamm-Körperhaltung, noch zwei Dinge dazu:

Erstens: Du hältst einen stabilen Blickkontakt zu deinem Gegenüber. Das ist für viele schwer, wenn sie sowieso schon ängstlich sind. Jetzt verrate ich dir einen Trick, wie du das immer sofort wunderbar hinbekommen kannst. Du schaust dem anderen gar nicht in die Augen, sondern du schaust ihm einfach auf die Mitte der Nase. Jetzt hat er den Eindruck, du schaust ihn an, aber du schaust ihn gar nicht an, du schaust einfach nur auf die Nasenmitte. Er wird das gar nicht merken. Jetzt kannst du jemandem ewig lange „in die Augen schauen" und du musst nicht einmal dabei blinzeln. Mach gleich mal den Test mit deinem besten Freund/deiner besten Freundin. Sag: Komm, wir machen mal ein Spiel, wer dem anderen am längsten in die Augen schauen kann. Du kannst drauf wetten, dass du wahrscheinlich als Sieger hervorgehen wirst.

Wenn jetzt so ein Mensch auf dich zukommt, der dich plattmachen will, dann gehört neben dem Text, den du ihm erwiderst, auch dieser Blickkontakt hinzu.

Zweitens: Sprich mit einer bewusst lauten Stimme. Das schreibt sich so leicht, aber es braucht Mut, das auch umzusetzen. Sag jetzt bitte einmal laut folgenden Satz: „Dich haben sie als Kind wohl dreimal hochgeworfen, aber nur zweimal aufgefangen."

Jetzt sag den Satz noch einmal, aber mit größerer Lautstärke!

Und jetzt sag den Satz noch einmal, aber mit noch größerer Lautstärke!

Und jetzt sag den Satz noch einmal, und diesmal mit noch größerer Lautstärke!

Wenn du es wirklich getan hast: Ist die Wirkung nicht verblüffend? Es funktioniert tatsächlich! Aber du kommst dir vielleicht blöd vor. Keine Angst, das ist am Anfang normal. Tu's nur oft genug. Tu dich wieder zusammen mit deinem besten Freund, deiner besten Freundin und trainier das mit ihm oder ihr. Deine Freunde sagen dir auch, falls es mal zu laut geworden ist. Das kann nämlich auch vorkommen.

Wenn du diese drei Dinge beachtest. Aufgerichteter Körper, stabiler Blickkontakt und laute Stimme, so wird man dich für selbstbewusst halten, egal wie du dich fühlst.

Der „Nicht-beachten-Blick"

Jetzt will ich dir noch einen wirksamen Trick verraten, der auch mit dem Blick zu tun hat.

Du schaust den anderen bei deiner Antwort gar nicht an, sondern du schaust ihm höchstens auf den Hals oder noch tiefer auf den Brustbereich oder nur auf die Schuhe oder sogar nur auf den freien Platz vor ihm. Dann wirkt deine Antwort besonders kräftig. Denn du strafst ihn mit Nichtbeachtung. Das muss allerdings trainiert werden.

Wichtig ist dabei, dass du schon von vornherein nicht ihm zugewandt stehst, sondern seitlich zum Angreifer. Wenn dann der Angriff kommt, dann bleibt dein Körper unbewegt und du drehst nur deinen Kopf leicht in seine Richtung. Du schaust ihm dabei nicht ins Gesicht, sondern nur auf seinen „Vorplatz" oder auf seinen Brustbereich ... und dann sagst du in einem gelangweilten Tonfall:

„Ich bin schwer beeindruckt, Thomas!"

Und drehst du dich wieder mit dem Kopf in die ursprüngliche Richtung. Das kommt obercool!

Tu dich wieder zusammen mit deinem besten Freund, deiner besten Freundin und trainier das mit ihm oder ihr.

Blick über die Schulter auf seine Schuhe bei der Antwort

Der ausgestreckte Stinkefinger

Es gibt noch eine schöne Möglichkeit, was du tun kannst, wenn dich einer ständig runterputzt oder hänselt. Du hörst den Angriff, aber drehst dich nicht einmal zu ihm um, sondern hebst einfach deine rechte Hand steil nach oben. Den Mittelfinger hältst du so, wie man dir beigebracht hat, dass du das *nicht* tun sollst, und läufst einfach triumphierend davon.

Du sagst gar nichts, aber du zeigst ihm deine Nichtachtung!

Als mich damals des ZDF in das Münchner Gymnasium eingeladen hatte, probierte ich diese Methode mit Natalie aus. Dabei habe ich gemerkt, dass sie aber nur dann funktioniert, wenn die Körpersprache sauber stimmt. Deshalb ist es hier unbedingt notwendig, wie bei allen anderen Techniken auch, dass du das mit deinem besten Freund/deiner besten Freundin intensiv übst. Er/sie soll dir ein Feedback geben, wie es wirkt und dich so lange korrigieren, bis es perfekt klappt.

Nehmen wir einmal an, du bist im Pausenhof und läufst an einer Gruppe von Jungs vorbei. Plötzlich zischt dir einer zu: „Du dürres Gerippe!" Jetzt hältst du deinen Kopf völlig unbewegt geradeaus, hebst im Weitergehen deine rechte Hand steil und triumphierend nach oben und läufst einfach weiter.

Du hast dadurch eine Marke gesetzt! Du hast den anderen deutlich gezeigt, dass du dir nicht alles gefallen lässt. Aber in irgendeiner Form lässt du sie trotzdem links liegen.

Stinkefinger zeigen und ohne den Kopf zu drehen weggehen

„Da schau her"-Strategie

Die Antwort „Ich bin schwer beeindruckt, Thomas!" aus dem vorhergehenden Kapitel ist eine allgemeingültige Strategie.

Du gibst gar keine richtige Antwort, sondern nur eine Antwort, bei der du den Beleidiger wie einen gestrandeten Wal auflaufen lässt. Du machst eine ironische Kurzbemerkung, die dem anderen zeigt, dass du dich durch seinen Angriff überhaupt nicht getroffen fühlst. Dann verliert der Angreifer meistens irgendwann den Spaß daran, dich weiter zu beleidigen. Denn er will ja, dass du leidest, und wenn du ihm den Gefallen nicht tust, lässt er es irgendwann sein.

Man nennt das Leerlaufbemerkungen, denn du lässt ihn ins Leere laufen. Damit das wirkt, müssen aber deine Stimme und deine Körpersprache perfekt eingestimmt sein. Aber dann hast du den Oberhammer!

Da sagt zum Beispiel jemand zu dir auf dem Schulweg: „Du bist fett." – Du drehst dich nicht einmal zu ihr um und konterst im gleichgültigen Tonfall: „Ach wirklich!" Damit das gut wirkt, musst du das *erste* Wort betonen und alles so sprechen, als ob es nur *ein einziges* Wort wäre. „Achwirklich." Und am Ende des Satzes musst du die Stimme nach unten ziehen. Das muss gelangweilt klingen. Versuchs noch mal: „Achwirklich ..." Wenn du die Antwort, ohne sie anzuschauen, ausgesprochen hast, dann drehst du dich wieder ab und läufst einfach weiter. Jetzt denken die anderen, dass dich das gar nicht kümmert.

Hier hast du eine Sammlung von ironischen Leerlaufbemerkungen, die du benutzen kannst. Bitte suche dir drei aus, die du auswendig lernst.

Trainiere die Betonung. Das ist sehr wichtig, sonst wirkt die Antwort nicht. Ich habe dir die Silbe unterstrichen, die du betonen sollst. Es ist fast immer die Anfangssilbe. Den Rest sprichst du einfach als ein einziges zusammenhängendes Wort, das du einfach noch betonungslos hinterherblubberst. Alles muss gelangweilt klingen. Erst dann klingt es wie „Du interessierst mich gar nicht“.

- <u>Sag</u> bloß …
- M<u>ein</u>st du?
- <u>Ah</u> geh …
- Ja <u>da</u> schau her …
- <u>Ha</u>lleluja …
- <u>Was</u> du nicht sagst …
- Ts, Ts, Ts …
- <u>Das</u> ist aber interessant …
- Na <u>so</u> was …
- <u>Jesses</u> … Ich bin schwer beeindruckt
- <u>Was</u> du nicht alles weißt …
- <u>Das</u> hast du aber schön gesagt …
- <u>Potz</u> Blitz …
- O<u>hoo</u>ooo …
- <u>Gut</u> formuliert …
- <u>Du</u> bist mir einer …
- <u>Kann</u> vorkommen …
- <u>Du</u> bist aber ein Schneller …
- <u>Ach</u> Gottchen …
- Ich <u>mag</u> deine Witze …
- <u>Wow</u> … schrecklich interessant …
- <u>Wie</u> schön für dich …

Übung mit dem Freund/Freundin:

Probiere auch Folgendes aus. Du sagst die Leerlaufbemerkung. Aber dabei drehst du deinen Kopf bewusst in die dem Angreifer entgegengesetzte Richtung. Das ist besonders powervoll!

Sammlung von Angriffen, mit Leerlaufbemerkung gekontert

- Du solltest auf die Sonderschule gehen.
  ↳ Sag bloß ...
- Hallo, du Schlampe!
  ↳ Ah geh ...
- Du bist dumm.
  ↳ Meinst du?
- Du hast einen fetten Arsch.
  ↳ Ja da schau her ...
- Du bist voll behindert.
  ↳ Halleluja ...
- Du machst sowieso immer blau.
  ↳ Was du nicht sagst ...
- Ihr nehmt ja Drogen.
  ↳ Das ist aber interessant ...
- Hey, du hast ja keine Unterwäsche an.
  ↳ Na so was ...

- Du hast ja Silikontitten.
  ↳ Jesses ... Ich bin schwer beeindruckt ...
- Du blöde Kuh.
  ↳ Was du nicht alles weißt ...
- Du bist ein Pickelgesicht.
  ↳ Das hast du aber schön gesagt ...
- Du bist schwul!
  ↳ Potz Blitz ...
- Du bist zu dick!
  ↳ Ohooooo ...
- Blonde kapieren nicht so schnell.
  ↳ Gut formuliert ...
- Deine Kappe ist so hässlich!
  ↳ Du bist mir einer ...
- Motherfucker.
  ↳ Kann vorkommen ...
- Du kannst nicht mal Fußball spielen.
  ↳ Du bist aber ein Schneller ...
- Hey, du Streber, du hast ja sowieso wieder 'ne Eins oder Zwei.
  ↳ Ach Gottchen ...

- Du fette Sau!
  - ↳ Ich mag deine Witze ...
- Nutte!
  - ↳ Wow ... schrecklich interessant ...
- Du bist so ätzend!
  - ↳ Wie schön für dich ...
- Du kannst das nicht!
  - ↳ Sag bloß ...
- Du bist so hohl im Kopf, am liebsten würd ich nicht mehr zu dir kommen.
  - ↳ Meinst du?
- Bei deinem Namen lass dich am besten umtaufen.
  - ↳ Ja da schau her ...
- Das Drahtgestell in deinem Mund ist scheiße.
  - ↳ Halleluja ...
- Keiner mag dich!
  - ↳ Was du nicht sagst ...
- Du langer Lulatsch!
  - ↳ Was du nicht alles weißt ...
- Du stinkst!
  - ↳ Das ist aber interessant ...

- Dein Hemd hat ein Loch.
  ↳ Na so was …

- Sag mal, putzt du dir ab und zu auch mal die Zähne?
  ↳ Das hast du aber schön gesagt …

- Du bist ja gar nicht von deinen Eltern, du bist ja nur adoptiert!
  ↳ Was du nicht alles weißt …

Wie bei jeder anderen Technik auch, kannst du die Wirkung dramatisch verstärken, indem du danach eine Ablenkungsfrage stellst. Bitte geht zum Training noch einmal einige Angriffe aus diesem Kapitel durch und ergänzt sie durch eine Ablenkungsfrage, wie ihm Kapitel „Die Ablenkungsfrage“ auf Seite 35 besprochen.

Der dezente Gegenangriff

Ich weiß, bei dir in der Schule geht es bisweilen sehr unbarmherzig und ruppig zu. Gerade wenn ein Schüler anders ist als die anderen. Da ist einer dick, ein anderer hat eine Zahnspange, einer hat eine andere Hautfarbe, einer hat einen Sprachfehler, einer ist groß, einer ist klein, einer ist Ausländer, einer hat abstehende Ohren, einer hinkt, einer lispelt, einer ist Legastheniker, einer hat arme Eltern, einer hat Eltern, die geschieden sind, einer hat abgewetzte Kleider, einer ist behindert, einer hat schlechte Noten ... usw.

Gnadenlos wird er von den anderen deswegen gehänselt. Sie machen sich über seine Andersartigkeit lustig. Ein Junge, der dick ist, wurde von seinen Klassenkameraden angepflaumt: „Du fetter Burger-Wichser". Getroffen und ohne eine passende Antwort parat zu haben, ging er weg. Gern hätte er etwas drauf erwidert, aber ihm fiel nichts ein. Immer und immer wieder hörte er einen Angriff zu seinem Dicksein. Zwischenzeitlich hatte er sogar Angst, in die Schule zu gehen.

Du musst verstehen, warum andere Kinder dich hänseln.

Sie denken oft gar nicht tiefer darüber nach, wenn sie dich beleidigen. Sie wollen nur, genau wie du, von anderen Kindern anerkannt werden. Sie wollen einfach „dazugehören" und sie wollen für die anderen lustig sein. Sie wollen originell sein und sie wollen sich hervortun vor den anderen. Sie fühlen sich vielleicht unwohl in ihrer Haut, und wenn sie andere heruntermachen, fühlen sie sich für einen Moment besser. Auch du, der du vielleicht schon oft unter solchen Hänseleien gelitten hast, hast andere schon selber durch deine Bemerkungen verletzt. Da war vielleicht eine Clique, in der einer anders war als die anderen. Du hast etwas zu ihm gesagt, damit die anderen deinen Mut und deine Frechheit bewundern, nur um auch dazuzugehören. Dir ist es vielleicht nicht aufgefallen, du wolltest ihn vielleicht nicht beleidigen, du wolltest nur den anderen gefallen ... aber der andere hat genauso unter deiner Bemerkung gelitten, wie du unter den Bemerkungen der anderen leidest. Dem Angreifer, der dich so verletzt, geht es nicht anders. Versteh erst mal, dass derjenige, der dich hänselt, nicht automatisch ein schlechter Mensch ist. So wie du auch kein schlechter Mensch bist, wenn *dir* einmal eine Beleidigung herausrutscht.

So lernt ein Hund am schnellsten

Aber trotzdem will ich dir hier eine Strategie verraten, wie du den anderen in die Schranken weisen kannst. Menschen sind nämlich wie Hunde. Wenn ein Hund etwas gemacht hat, was er nicht hätte machen dürfen, so muss man ihn *unmittelbar* darauf hinweisen, sonst wiederholt er sein Verhalten. Das Hilfsmittel: Er bekommt eine scharfe Zurechtweisung seines Herrchens oder einen kleinen Klaps und dann lernt er, dass er so was nicht mehr machen darf. Und das ist das, was auch dir hilft, die anderen „zu erziehen".

- Du fetter Burger-Wichser.
  ➷ Burger schon, aber beim anderen kennst DU dich ja besser aus.

Du gibst dem anderen eine Erwiderung, bei der er wieder schlecht aussieht. Das ist der „Klaps", um ihn zu erziehen. Eine angemessene Antwort auf einen uns verletzenden Angriff gefunden zu haben, ist ein wohltuendes und Zufriedenheit stiftendes Gefühl: „Ja, dem hab ich's gegeben." Leider fällt den meisten Menschen nichts Passendes ein.

„Wisst ihr eigentlich, warum Jonny den Spitznamen Jonny hat?“ Alle in der Runde schauen erwartungsfroh den Fragesteller an. „Nein, warum?“, fragt einer direkt neben Jonny. „Ich sag’s euch: Weil Jonny früher einmal gesagt hat: ‚Wenn ich schwul bin, will ich Jonny heißen‘“.

Alles in der Runde prustet laut heraus vor Lachen und schielt auf Jonny. Jonny sitzt mitten unter der sich auf die Schenkel klopfenden Meute und lächelt gequält. Er ist weder schwul, noch kann er darüber lachen. Gerne würde er etwas Passendes erwidern. Aber er fühlt sich getroffen und ihm will einfach nichts einfallen.

Hier eine Antwort, die er hätte geben können:

- Wisst ihr eigentlich, warum Jonny den Spitznamen Jonny hat? Ich sag’s euch: Jonny hat früher einmal gesagt: „Wenn ich schwul bin, will ich Jonny heißen.“
  ↳ Ja, warum heißt DU dann nicht Jonny?

- Du solltest auf die Sonderschule gehen.
  ↳ Prima, da können wir uns ja 'ne Schulbank teilen.

Wenn du mit dieser Art des dezenten Gegenangriffs reagierst, dann kannst du sicher sein, dass die Hänseleien irgendwann aufhören werden. Du musst eins wissen: Wenn dich jemand mit Kanonen beschießt, dann ist es nicht hilfreich, mit Daunenfedern zurückzuschießen. Du musst dem anderen Respekt vor dir einflößen. Und das schaffst du, wenn du den Angreifer selbst in Gefahr bringst. Die Rädelsführer bei dir im Pausenhof haben nur so lange Spaß an dir, wie sie dich ohne Gefahr für ihr eigenes Ansehen angreifen können. Sie wollen sehen, dass du wie ein getroffenes Reh hilflos blutest. Wenn du ihnen den Gefallen nicht tust, lassen sie bald die Finger von dir.

- Du hast ja Silikontitten.
  - ➷ Für dich leider unerreichbar!
  - ➷ Du bist nur neidisch, weil du noch nie so was berührt hast.

Du sagst etwas, womit der andere selbst im schlechten Licht erscheint.

Wenn ein Einbrecher an eine Villa kommt, die rundum mit einem sichtbaren starken, hohen Stacheldraht und Alarmanlagen gesichert ist, dann ist es ihm einfach zu mühsam, dort einzusteigen. Er sucht sich lieber ein einfacheres Haus. Genauso ist es bei den Rädelsführern. Wenn sie merken, dass du plötzlich eine Abwehr hast, dann wird es für sie auch zu mühsam, es weiter bei dir zu versuchen.

- Du bist ja gar nicht von deinen Eltern, du bist ja nur adoptiert!
  - ➷ Mich konnten sie wenigstens aussuchen, dich mussten sie nehmen, wie du warst.

Hier steckt der dezente Seitenhieb mit in der Antwort. Wer bei dir austeilt, soll sich in Zukunft klar sein, dass er auch wieder einstecken muss.

- Wie siehst du denn aus?
  - ➷ Immer noch besser als du.

Um mit dieser Technik zu kontern, musst du eine Antwort geben, die den anderen in irgendeiner Form schlecht aussehen lässt. Das ist das Kernprinzip der Technik des „dezenten Gegenangriffs".

Die Schulklassen sieben, acht und neun sind beim Sportfest der Schule. Ein Schüler der neunten Klasse ist zur Aufsicht eingeteilt. Die

Schüler aus der Siebten müssen zum Weitsprung antreten. Einer der Schüler trifft das Absprungbrett dreimal hintereinander nicht richtig und wird disqualifiziert. Jetzt ist Christian aus derselben Klasse mit Springen dran. Er läuft an, aber auch er verpasst das weiß markierte Absprungfeld. Der Aufsichtschüler der neunten Klasse kommentiert hämisch: „Gibt's eigentlich nur Idioten in der siebten Klasse?" Christian kontert: „Nein, die anderen sind alle in der Neunten."

Unterstelle dem Angreifer etwas. Die Unterstellung muss nicht zwingend der Wahrheit entsprechen, im Gegenteil. Es wirkt umso schlagfertiger, je weiter hergeholt, je übertriebener und absurder der Vorwurf ist.

- Du Wichser!
  ↳ Ich kann's wenigstens, im Gegensatz zu dir.

- Du schreibst wie 'ne Sau.
  ↳ Klar, weil ich weiß, wer's liest.
  ↳ Ich wusste gar nicht, dass du lesen kannst.

Indirekt ausdrücken

Um einen Gegenangriff zu platzieren, musst du dich Folgendes fragen: Wie kann ich den Angreifer in schlechtem Licht erscheinen lassen? Damit es auch schlagfertig wirkt, musst du etwas Wichtiges beachten!

Bitte schau dir die folgenden beiden Beispiele eines Schlagabtauschs an:

- Du stinkst!
  ↳ Du stinkst selber!

- Du Idiot!
  ➷ Und du bist ein Schwachkopf.

Die beiden Antworten wirken nicht schlagfertig. Der Grund liegt darin: Der Gegenangriff muss *indirekt*, „durch die Blume" vorgetragen werden. Ein direkter, unverblümter Angriff nach dem Stil: „Selber Arschloch" wirkt nicht.

Damit es wirkt, sage ich dir hier nun den Trick:

Du musst eine *Andeutung* machen, aus der man erst rückwärts ergänzen muss, was eigentlich Sache ist.

Wenn du erwiderst „Und du bist ein Schwachkopf", dann muss man nicht mehr weiter überlegen. Das wirkt nicht schlagfertig. Aber schau dir an, wie es aussieht, wenn du nur eine Bemerkung machst, aus der man die eigentlich gemeinte Aussage schließen muss.

- Du Idiot!
  ➷ Wann musst du eigentlich wieder ins Heim zurück?

Jetzt wirkt es schlagfertig. Aus der Bemerkung „Wann musst du eigentlich wieder ins Heim zurück?" müssen die Zuhörer erst *folgern*, dass er anscheinend in einem Heim wohnt und wahrscheinlich einen Dachschaden hat. Wenn du hingegen direkt sagst: „Du hast einen Dachschaden", dann wirkt das nicht. Schauen wir uns noch einmal in diesem Hinblick die bisher erwähnten schlagfertigen Erwiderungen an.

- Du fetter Burger-Wichser!
  ➷ Burger schon, aber beim anderen kennst DU dich ja besser aus.

Bei der Bemerkung „Burger schon, aber beim anderen kennst DU dich ja besser aus“ musst du erst im Nachhinein ergänzen, dass der andere selber auch ein „Wichser“ ist. Wenn du das hingegen direkt sagst, hast du wenig Wirkung. Schau dir's an:

- Du fetter Burger-Wichser!
  ↳ Selber Wichser!

- Wisst ihr eigentlich, warum Jonny den Spitznamen Jonny hat? Ich sag's euch: Jonny hat früher einmal gesagt: „Wenn ich schwul bin, will ich Jonny heißen.“

Direkt ausgedrückt:

↳ Du bist auch schwul.

Schwache Wirkung!

Indirekt ausgedrückt:

↳ Ja, warum heißt DU dann nicht Jonny?

Gute Wirkung!

- Du solltest auf die Sonderschule gehen.

Direkt ausgedrückt:

↳ Du bist auch ein Sonderschüler.

Schwache Wirkung!

Indirekt ausgedrückt:

↳ Prima, da können wir uns ja 'ne Schulbank teilen.

Gute Wirkung!

- Du hast ja Silikontitten!

Direkt ausgedrückt:

↳ Und du hast keinen Erfolg bei Mädchen.

Schwache Wirkung!

Indirekt ausgedrückt:

↳ Für dich leider unerreichbar!

Gute Wirkung!

- Du bist ja gar nicht von deinen Eltern, du bist ja nur adoptiert!

Direkt ausgedrückt:

↳ Aber ich sehe besser aus als du!

Schwache Wirkung!

Indirekt ausgedrückt:

↳ Mich konnten sie wenigstens aussuchen, dich mussten sie nehmen, wie du warst.

Gute Wirkung!

- Gibt's eigentlich nur Idioten in der siebten Klasse?

Direkt ausgedrückt:

↳ Ihr aus der Neunten seid auch Idioten!

Schwache Wirkung!

Indirekt ausgedrückt:

↳ Nein, die anderen sind alle in der Neunten!

Gute Wirkung!

- Du Wichser!

Direkt ausgedrückt:

↳ Du kannst ja nicht mal wichsen!

Schwache Wirkung!

Indirekt ausgedrückt:

↳ Ich kann's wenigstens, im Gegensatz zu dir.

Gute Wirkung!

- Du schreibst wie ne Sau.

Direkt ausgedrückt:

↳ Und du bist auch 'ne Sau!

Schwache Wirkung!

Indirekt ausgedrückt:

↳ Klar, weil ich weiß, wer's liest.

Gute Wirkung!

Es gibt zwei häufig vorkommende Angriffe, die man in Schulen immer wieder hört. Wenn du zu den Betroffenen gehörst, dann präge dir bitte die folgenden Antworten sehr gut ein. Denn dann hast du ein für alle Mal eine Antwort, mit der du obercool wirkst.

- Du bist schwul! (Schwule Sau … usw.)

  ↳ Mach dir keine Hoffnungen!

- Du bist viel zu fett. (Du dicke Tonne … usw.)

  ↳ Ich bin dick, ich kann abnehmen. Du bist beschränkt, da kann man nichts mehr machen.

Lerne diese Antworten bitte auswendig!

Standard-Gegenangriff

Hier zeige ich dir einen Ansatz, wie du nach einem bestimmten Schema auf einen Gegenangriff kommen kannst. Du gehst folgendermaßen vor: Du fragst dich, wie du dem Angreifer seinen eigenen Vorwurf selbst in die Schuhe schieben könntest – natürlich wie immer indirekt. Das heißt, wie kann ich geschickt durch die Blume ausdrücken: „Du bist genauso“ oder „Du bist noch schlimmer“.

- Eine Hirnzelle weniger und du wärst ’ne Pflanze.
  ↬ Zwei Hirnzellen weniger und ich wäre DU.

- Du hast Mundgeruch.
  ↬ Da fall ich in deiner Umgebung ja nicht weiter auf.

Wenn du die beiden Antworten genau anschaust, dann erkennst du, dass er im Prinzip nichts anderes geantwortet hat, als dem Angreifer durch die Blume zu sagen „Du bist genauso“ oder „Du bist noch schlimmer“.

Die letzte Antwort ist eine Antwort, die du immer und immer wieder benutzen kannst. Es ist nämlich eine Standardantwort. Ich zeige dir nun drei Standardantworten, die das Prinzip „Du selber!“ clever durch die Blume ausdrücken. Sie lassen sich auf sehr viele Angriffe universell erwidern. Du kannst sagen:

1. Du bist halt mein Vorbild.
2. Dann passen wir ja gut zusammen.
3. Da fall ich in deiner Umgebung nicht weiter auf.

Nehmen wir einfach mal einen beliebigen Angriff und schauen, wie das mit den drei Standardantworten aussehen würde:

- Mein Gott, siehst du fertig aus!
  ↳ Du bist halt mein Vorbild.

- Mein Gott, siehst du fertig aus!
  ↳ Dann passen wir ja gut zusammen.

- Mein Gott, siehst du fertig aus!
  ↳ Da fall ich in deiner Umgebung nicht weiter auf.

Damit du ein Gespür dafür bekommst, dass diese Standardantworten dich in echten Situationen häufig wirklich retten können, habe ich dir nachfolgend ein paar typische Angriffe aufgeschrieben, die man in der Schule immer wieder hören kann. Bitte geh diese durch und antworte mit einem der drei Standards. Mach diese Übung wirklich, denn nur dann prägen sich die Standards bei dir ein. Mache diese Übung laut!

- Hallo, du Schlampe! → …
- Du bist dumm. → …
- Du bist ganz schön behindert.→ …
- Du machst sowieso immer blau. → …
- Ihr nehmt ja Drogen. → …
- Du blöde Kuh. → …
- Du bist ein Pickelgesicht. → …
- Du bist ein Pickelfresser. → …
- Du Arschficker. → …
- Du hässliches Scheißkind, was willst du eigentlich? → …
- (Beim Fußballspiel) Du triffst nicht mal den Ball. → …
- Du Hurensohn! → ….
- Du bist so ätzend. → …
- Du kannst das nicht! → …
- Du bist sooo schlecht! → …

- Du kannst einfach gar nichts. → …
- Du kannst nicht mal Fußball spielen. → …
- Schwule Sau! → …
- Keiner mag dich! → …
- Du schaust aus wie Scheiße. → …
- Du stinkst! → …

Die drei vorher genannten Standards passen immer dann, wenn einer etwas Negatives zu dir selbst sagt. Wenn er aber etwas Negatives zu deinen Kleidern, zu deiner Zahnspange, zum Auto deiner Eltern sagt, dann kannst du mit folgendem Standardspruch antworten:

↳ Dann passt es ja wunderbar zu deinem Gesicht.

Versuch's gleich mal mit den folgenden Angriffen:

- Das Drahtgestell in deinem Mund ist scheiße. → …
- Deine Kappe ist so hässlich. → …
- Deine Hände sehen beschissen aus. → …
- Deine Schuhe sind gar nicht schön. → …
- Hast du das T-Shirt neu? Weil es sieht nämlich etwas komisch aus. → …
- Das Auto von deinen Eltern ist 'ne Schrottkarre. → …

Merkst du's? Es klappt immer!

So, jetzt mach bitte mal unmittelbar den Test: Präge dir die folgenden zwei Antworten ein: „Da passen wir ja gut zusammen!" und: „Dann passt es ja wunderbar zu deinem Gesicht!"

Dann gehst du morgen zu deinem Freund/zu deiner Freundin und sagst: „Los, greif mich mal an." In sechs von zehn Fällen dürfte eine dieser beiden Antwort passen.

Es gibt eine wunderbare Standardantwort, wenn jemand deine Körperlichkeit angreift. Angenommen, jemand greift dich mit irgendeiner der folgenden Aussagen an: Du hast Mundgeruch. Ganz schön fett geworden. Du hast Hände wie Klodeckel. Du riechst unter den Armen. Putz dir mal die Nase! … usw. Das sind alles Angriffe, die irgendetwas an deinem Körper bemängeln. Sag dann einfach seelenruhig:

- Reden wir lieber nicht über die unappetitlichen Dinge am Körper. Du weißt genau, dass das sehr schnell peinlich für dich werden könnte …

Oder kürzer:

- Sei froh, dass ich nicht über deine Schwachstellen rede!

Und dann schaust du ihn wissend an und drehst anschließend ganz langsam den Kopf von ihm weg. Am besten probierst du das auch gleich aus. Gleich hin zum Kollegen, sage ihm, er soll dich mal aufgrund deiner Körperlichkeit beleidigen. Und schmettere ihm dann diesen Satz entgegen. Das macht Laune!

Freche Konter ohne Rücksicht auf den Angriff

Nachfolgend einige freche Konter, die du auf egal welchen Angriff so rausschleudern kannst. Der Angreifer kommt dadurch immer in die Defensive. Nehmen wir an, der Angriff lautete: „Du Fettmops!“ Mit folgenden Standardbemerkungen könntest du kontern:

- Wann musst du eigentlich wieder ins Heim zurück?
- Hast du mit den Schuhen schon mal ein Mädchen abgekriegt?
- Geh mal dort nach hinten. Da steht die Mülltonne für dich.
- Eine Hirnzelle weniger und du wärst 'ne Pflanze.
- Noch so eine Bemerkung und deine Zahnbürste greift morgen ins Leere.
- Keine Ahnung, was dich so dumm macht, aber es funktioniert scheinbar super.
- Bei dir bräuchte man ein Hörgerät. Das könnte man abschalten.
- Darf ich mein erstes Magengeschwür nach dir benennen?
- Na, hast du dir wenigstens das Kennzeichen von dem Auto gemerkt, das über dein Gesicht gefahren ist?
- Wir können ohne dich nicht auskommen - aber ab morgen probieren wir's.
- Was sagst du als Unbeteiligter zum Thema Intelligenz?
- Dein Friseur stand wohl unter Drogen.
- Dir hängt da etwas aus der Nase.
- Als dein Vater dich gesehen hat, hat er den Storch erschossen.
- Deine Eltern wären besser fünf Minuten spazieren gegangen.
- Dich hat man nach der Geburt dreimal hochgeworfen, aber nur zweimal aufgefangen.
- Das war jetzt so intelligent wie eine Banane.
- Gibt's dich auch witzig?
- Komm, spiel auf der Autobahn.
- Haben deine Eltern dich nie gebeten, von zu Hause wegzulaufen?
- Deine Mutter kann wieder zum Putzen kommen. Wir ha-

ben das Geld gefunden.

Oder hier drei seriöse Antworten, die es aber in sich haben:

- ➷ Ich bitte dich, lass deine schwachen Bemerkungen. Du blamierst dich nur.
- ➷ Deine Bemerkung ist weder neu noch originell, noch hilft sie irgendjemandem. Blamiert dich nicht!
- ➷ Hmmm, ich muss sagen: Dein Niveau steigert sich von Tag zu Tag. Weiter so!

Und hier eine sehr elegante Antwort, bei der die eigentliche Botschaft erst durch Nachdenken erkannt werden kann.

- ➷ Du bist ein ganz netter, liebenswerter Kerl. Kann aber sein, dass wir uns beide täuschen!

Der zweistufige Gegenangriff

Eine besonders wirksame Methode um den Beleidiger in die Schranken zu weisen, besteht darin, dass du ihn mit einem ersten Schritt erst einmal mit einer unerwarteten Frage in die Falle lockst und dann mit einer scharfen Aussage die Falle zuschnappen lässt. Schau dir folgendes Beispiel an:

- Du fette Tonne!
  - ➷ Wo ist er denn?
- Ja wer?
  - ➷ Der, den das interessiert!

Durch die Frage „Wo ist er denn?“ wird der Beleidiger erst einmal in Konfusion gestürzt. Weil er nicht weiß, wovon du redest, stellte er eine Nachfrage: „Ja wer?“ Und sobald er das tut, kannst du ihm eins auf den Deckel geben: „Der, den das interessiert!“

- Du fette Tonne!
  - ➷ Weißt du, wie man Schokoladenpudding an die Wand nagelt?
- Nein.
  - ➷ Genauso wie Vanillepudding!

- Du fette Tonne!
  - ➷ Weißt du, wer sich nach dir erkundigt hat?
- Nein!
  - ➷ Keine Sau!

- Du fette Tonne!
  - ➷ Wie heißt du eigentlich mit Nachnamen?
- Schreiber.
  - ➷ Interessant. Die anderen nennen dich sonst immer nur Hohlbirne, wenn du nicht dabei bist.

- Du fette Tonne!
  - ➷ Kennst du meinen Großvater?
- Nein.
  - ➷ Erstaunlich, du wiederholst nämlich seine alten Sprüche.

- Du fette Tonne!
  - ➷ Nimmst du Medikamente?
- Nein.
  - ➷ Ich würd's anfangen!

Falls er „Ja“ sagt, erwiderst du:

↳ Nimm mehr davon!

Weitere Beispiele, wie du ihn in zwei Stufen elegant auflaufen lassen kannst, findest du im Kapitel „Zweistufige Verwirrantwort“ auf Seite 102.

Selbst einmal angreifen üben

Ich habe bei der Beschäftigung mit dem Thema eines lernen müssen: Leute, die Schwierigkeiten haben, andere anzugreifen, sind dieselben Leute, die auch Mühe haben, sich schlagfertig zu verteidigen. Deshalb fördert es deine Schlagfertigkeit ungemein, wenn du auch das Austeilen trainierst. Das meine ich wirklich so. Du kannst das täglich üben. Mach das bitte mit deinem besten Freund oder mit deiner besten Freundin. Erkläre ihr oder ihm, um was es geht, und dann macht ihr wechselseitig Bemerkungen über euch, bei denen der andere schlecht aussehen muss. Wichtig ist, dass ihr es niemals direkt sagt, sondern immer durch die Blume. Versichert euch aber vorher, dass das alles nicht ernst gemeint ist. Und ihr werdet sehen, dass das einen Riesenspaß macht und euren Sinn für Schlagfertigkeit ungemein fördert.

Hier folgen einige Beispiele für dich zum Üben. Ziel ist es, etwas nicht direkt auszudrücken, sondern indirekt. Das heißt, du musst eine Bemerkung machen, wo man nicht gleich weiß, was Sache ist, sondern erst Rückschlüsse ziehen muss.

Bitte mach eine Bemerkung darüber, dass der andere stinkt.

Mach eine Bemerkung darüber, dass der andere ’ne schlechte Note hat.

Mach eine Bemerkung darüber, dass der andere keinen Erfolg bei Mädchen hat.

Mach eine Bemerkung darüber, dass die andere dich lange hat warten lassen.

Mach eine Bemerkung darüber, dass der andere eine krumme Nase hat.

Lösungsvorschläge:

Bitte mach eine Bemerkung darüber, dass der andere stinkt.

- ➷ Wie lang ist eure Dusche denn schon kaputt?

Mach eine Bemerkung darüber, dass der andere 'ne schlechte Note hat.

- ➷ Du hast die einzige Note, die durch zwei und drei teilbar ist!

Mach eine Bemerkung darüber, dass der andere keinen Erfolg bei Mädchen hat.

- ➷ Er weiß, wie man Mädchen küsst – er hat schon viele Fotos gesehen.

Mach eine Bemerkung, dass die andere dich lange hat warten lassen.

- ➷ Sag mal, hast du in der Zwischenzeit entbunden?

Mach eine Bemerkung darüber, dass der andere eine krumme Nase hat.

- ➷ Wenn du deiner Nase nachläufst, läufst du immer im Kreis.

Sammlung von Angriffen, mit Gegenangriff gekontert

Wenn du zu denjenigen Schülern gehörst, die von anderen häufig beleidigend angesprochen oder gehänselt werden, dann empfehle ich dir besonders diese Technik des dezenten Gegenangriffs zu benutzen. In dieser Technik steckt sowohl ein scharfes Reagieren als auch eine Prise Humor. Du sagst damit dem anderen: „So weit und nicht weiter!" Deshalb empfehle ich dir, mindestens zwei Standards auswendig zu lernen, und dir je eine Standardantwort auf die gängigsten Angriffe, die du immer wieder hörst, zurechtzulegen. Wenn du also mit dem immer selben Angriff gehänselt wirst, dann ziehst du deinen vorbereiteten Gegenangriffs-Colt und erwiderst mit der immer selben Erwiderung. Deshalb findest du hier nachfolgend eine Sammlung von typischen Angriffen aus dem Schulalltag, mit einer entsprechenden Sammlung von Antworten.

- Schalt mal dein Hirn ein.
  ↳ Ich kann's wenigstens noch einschalten.

- Bist du blöd oder beschränkt?
  ↳ Schlimm ist, wenn beides auf einen zutrifft wie bei dir.

- Du hast wohl deine Kleidung nachts in der Altkleidersammlung aus den Säcken geholt?
  ↳ Das mach ich nicht, ich könnte dir ja dabei begegnen.

- Du hast einen fetten Arsch.
  ↳ Immer noch besser als deine fette Sechs.

- Du machst sowieso immer blau.
  ↳ Biste neidisch?

- Hey, du hast ja keine Unterwäsche an.
  ↳ Träum weiter!

- Du hast ja einen Silikonarsch.
  ↳ Für dich unerreichbar.

- Du fickst ja mit jedem.
  ↳ Mach dir keine Hoffnungen.

- Blonde kapieren nicht so schnell.
  ↳ Da müsstest du ja blond sein!

- Du hässliches Scheißkind, was willst du eigentlich?
  ↳ Sicher nichts von dir.

- (Einem schönen Mädchen nachgerufen) Schaut mal, die ist aber besonders hübsch da vorne.
  ↳ Kann man von euch nicht sagen.

- Hast du das T-Shirt neu? Weil es nämlich etwas komisch aussieht.
  ↳ Ich hab im Laden gesagt, ich will so ein Ähnliches wie du haben.

- Pass doch auf! Schau mal, wo du hintrampelst.
  ↳ Hab ich doch, ich hab dich getroffen.

- Motherfucker.
  - ➷ Immerhin beherrscht du wenigstens dieses eine Wort in Englisch.
  - ➷ Sag deinem Englischlehrer, er soll deine Sechs zurücknehmen. Du beherrscht jetzt schon ein schweres englisches Wort.

- Fuck you.
  - ➷ Immerhin beherrscht du wenigstens die zwei Worte in Englisch.
  - ➷ Sag deinem Englischlehrer, er soll deine Sechs zurücknehmen. Du beherrscht jetzt schon zwei Worte in Englisch.

- Hey, du Streber, du hast ja sowieso wieder ’ne Eins oder Zwei.
  - ➷ Bist du neidisch?

- Du Fettwanst – nimm den Ball mal richtig an.
  - ➷ Du Prittstift – schieß besser!

- Halt die Klappe!
  - ➷ Aber nicht bei dir.

- Du kannst einfach gar nichts.
  - ➷ Das ist immerhin mehr, als du kannst!

- Schrodnotz, bei so einem Namen lass dich am besten umtaufen.
  - ➷ Ich kenn einen, der hieß „Maier" wie du, und der hat sich zum Schluss in der Toilette ertränkt.

- (Zu einem Farbigen) Du Neger!
  ↳ Ich hab Farbe, du bist farblos.

- Du langer Lulatsch.
  ↳ Wenn ich zum Pinkeln geh, musst du den Kopf einziehen.

- Tja, da musst du noch viel lernen!
  ↳ Aber nicht von dir, das ist unmöglich!

- Deine Zahnspange ist hässlich.
  ↳ Lieber 'ne Zahnspange als so'n Gebiss wie du!

- Willst du was auf die Nase?
  ↳ Nein, sonst sieht sie so aus wie deine.

- Dein T-Shirt sieht aus wie ein Zelt. Kann man da drin übernachten?
  ↳ Ja, aber nicht mit dir!

Wie bei jeder anderen Technik auch, kannst du die Wirkung dramatisch verstärken, indem du danach eine Ablenkungsfrage stellst. Bitte geht zum Training noch einmal einige Angriffe in diesen Kapiteln durch und ergänzt sie durch eine Ablenkungsfrage, wie ihm Kapitel „Die Ablenkungsfrage“ auf Seite 35 besprochen.

Auf meiner Website *www.schlagfertigkeit.com* findest du unter dem Menüpunkt „Antwortbibliothek“ eine gigantische Sammlung von Angriffen mit den knackigsten Antworten dazu. Sicher ist dein wunder Punkt auch darunter.

Ein-Wort-Angriffe und Zwei-Wort-Angriffe

Die sechste Klasse hatte Sportunterricht. Die Jungs liefen draußen im Freien auf der Aschenbahn zum Aufwärmen im Kreis. Drei Jungs standen am Rande und schauten zu. Sie waren für heute vom Sportunterricht befreit. Als die Gruppe der Läufer in deren Nähe vorbeilief, räusperte sich Daniel, einer der Läufer, und spuckte rechts neben sich. Die drei Draußenstehenden waren zufällig in der Nähe und interpretierten Daniels Spucken als Beleidigung und auf sich gemünzt. Einer aus der Gruppe rief aufgebracht: „Idiot!“ Daniel drehte sich halb um und sagte: „Und wie heißt du mit Nachnamen?“

Diese Antwort hat es in sich! Diese Antwort ist aber auch universell. Du kannst sie immer dann benutzen, wenn eine spezielle Art von Angriff kommt. Und ich weiß, bei euch in der Schule kommen diese Angriffe häufig vor. Diese Antwort passt immer auf alle Angriffe, die nur aus einem *einzigen Wort* bestehen: Arschloch, Idiot, Tussi, Schlampe, Nutte, Schwachkopf ...

Schau selber:

- Arschloch!
  ↳ Und wie heißt du mit Nachnamen?

- Tussi!
  ↳ Und wie heißt du mit Nachnamen?

- Schwachkopf!
  ↳ Und wie heißt du mit Nachnamen?

- Nutte!
  ↳ Und wie heißt du mit Nachnamen?

Durch diese Antwort klingt es geradeso, als ob der Angreifer sich mit dem Schimpfwort selber beleidigt hätte. Hier noch eine zweite Formulierungsmöglichkeit, die genauso wirksam ist:

- Pickelgesicht!
  ↳ Danke, dass du dich vorgestellt hast.

- Arschficker!
  ↳ Danke, dass du dich vorgestellt hast.

- Schwule Sau!
  ↳ Danke, dass du dich vorgestellt hast.

- Vollidiot!
  ↳ Danke, dass du dich vorgestellt hast.

Diese Antworten funktionieren aber wirklich nur, wenn ein *einziges Wort* als Schimpfwort genannt worden ist. Wenn jemand sagt „DU Arschloch!“, dann kannst du schon nicht mehr sagen „Danke, dass du dich vorgestellt hast“, weil er dir mit dem „Du“ das Schimpfwort schon zugeordnet hat.

Aber ich will dir hier eine Methode verraten, was du selbst mit solchen Beleidigungen, denen das „Du“ vorangestellt ist, machen kannst.

- Du Arschloch!
  ↳ Ersetz das „Du" durch ein „Ich", dann stimmt's.

- Du Tussi!
  ↳ Ersetz das „Du" durch ein „Ich", dann stimmt's.

- Du Idiot!
  ➭ Ersetz das „Du" durch ein „Ich", dann stimmt's.

Hier noch zwei andere Möglichkeiten, wie du es formulieren kannst:

➭ Jetzt sag dasselbe noch mal mit „Ich" vorne, dann stimmt's!

➭ Du hast dich versprochen: Da muss ein „Ich" nach vorne! Dann stimmt's!

Hier zeige ich dir noch eine zweite Möglichkeit, was du bei Zwei-Wort-Angriffen sagen kannst. Dabei wirst du leicht ironisch und machst ihn dezent darauf aufmerksam, dass seine Ausdrucksform nicht gerade zum gehobenen Standard gehört.

- Du Arschloch!
  ➭ Was für ein edles Wort aus deinem Mund. So intelligent hätt ich dich gar nicht eingeschätzt!

- Du Tussi!
  ➭ Was für ein edles Wort aus deinem Mund. So intelligent hätt ich dich gar nicht eingeschätzt!

- Du Idiot!
  ➭ Was für ein edles Wort aus deinem Mund. So intelligent hätt ich dich gar nicht eingeschätzt!

Im Kapitel „Die zweistufige Verwirrantwort" auf Seite 102 wird dir noch eine weitere Möglichkeit vorgestellt, wie du auf Zwei-Wort-Angriffe clever reagieren kannst.

Verwirren als Strategie

Ich war vom ZDF in einem Münchner Gymnasium eingeladen, um „Opferkindern“ dort vor der Kamera Schlagfertigkeit beizubringen. Ein Junge mit Übergewicht erzählte mir folgende Geschichte: Er saß im Bus zur Schule. Als sie ausstiegen und es bei der Bustüre eng wurde, rempelte ihn ein anderer an und sagte: „Du fetter Burger-Wichser.“

Er fragte mich, was er dort hätte antworten können. Ich sagte ihm, du kannst ihm als Antwort geben: „Wow, du kannst aber gut Englisch!“ Überleg mal, was in ihm vorgeht, wenn du so antwortest: Der andere ist erst einmal verdattert, denkt jetzt plötzlich nach und überlegt: „Was war das denn für eine Bemerkung? Ich hab doch gar nichts in Englisch gesagt. Hat er mich verarscht oder war da vielleicht doch ein englisches Wort drin ...?“ Auf jeden Fall beschäftigt er sich verwundert mit sich selber und grübelt, ob *er* nicht vielleicht hier der Dumme gewesen ist. Und du lässt ihn in seiner Verwirrtheit stehen und läufst einfach weg. Der Trick ist, dass er denkt, dass er irgendwas vielleicht nicht kapiert hat. Das Prinzip, das dahintersteckt, ist, dass du mit einer Bemerkung konterst, die nur zum Ziel hat, Verwirrung zu stiften.

- Du fetter Burger-Wichser!
  ↳ Du kannst aber gut Englisch.

- Fuck you!
  ↳ Ich wusste gar nicht, dass du so gut Russisch kannst.

Schön ist’s, wenn man den Angreifer noch in seiner Verwirrung bestärkt, indem man ihm noch die Aufgabe gibt, einen tieferen Sinn darin zu suchen.

- Halts Maul und fick dich!
  - ↳ Das eine im Schongang und das andere im Doppelpack. Denk mal drüber nach.

Die zweistufige Verwirrantwort

Hier noch ein anderer Trick, um ihn zu verwirren:

- Das Drahtgestell in deinem Mund ist scheiße.
  - ↳ Was willst du mal werden?
- Weiß ich nicht. (Die Antwort ist egal)
  - ↳ Na siehst du!

Und dann gehst du einfach weg.

Du arbeitest mit zwei Stufen. Du konterst zunächst mit einer völlig unzusammenhängenden Frage, die den anderen erst einmal komplett aus seiner Rolle kippt: „Was willst du mal werden?" Jetzt überlegt er entweder erst, was diese Frage soll, oder er läuft gleich rein und antwortet dir irgendwas. Egal was er sagt, antwortest du einfach: „Na siehst du!" Er ist dir auf den Leim gegangen.

Hier noch zwei Möglichkeiten, mit einer zweistufigen Verwirrfrage zu kontern:

- Das Drahtgestell in deinem Mund ist scheiße.
  - ↳ Weißt du, ob Englisch heute ausfällt?
- Ne, davon hab ich nichts gehört! (Die Antwort ist egal)
  - ↳ Na siehst du! (Und weggehen)

- Das Drahtgestell in deinem Mund ist scheiße.
  ↳ Wo liegt bei dir eigentlich die Zirbeldrüse?
- Hä, was ist das? (Die Antwort ist egal)
  ↳ Mensch, nicht mal das weißt du.

Hier noch ein besonders wirksamer Verwirr-Konter. Bei dem kannst du nicht verlieren, weil du in beiden Fällen eine coole Antwort hast. Eine, falls er reagiert, aber auch eine, falls er nicht reagiert.

- Das Drahtgestell in deinem Mund ist scheiße.
  ↳ Sag mal Lollipop!
  ↳ (Wenn er's nicht macht) Siehst du, nicht mal das kannst du!
  ↳ (Wenn er's macht) Du machst auch alles, was man dir sagt.

Nachfolgend eine zweistufige Verwirrungsantwort, die du immer auf Zwei-Wort-Angriffe wie „Du Arschloch“ oder „Du Nutte“ oder „Du Idiot“ geben kannst:

- Du Idiot!
  ↳ Woher kommt denn das Wort „Idiot“?
  ↳ (Wenn er nichts sagt) Schau, nicht mal das weißt du!
  ↳ (Wenn er was sagt) Na siehst du!

Im Nachfolgenden ist noch eine Sammlung von verwirrenden Standardantworten aufgeführt:

- Das Drahtgestell in deinem Mund ist scheiße.
  ↳ Aber das reimt sich doch gar nicht.

- Das Drahtgestell in deinem Mund ist scheiße.
  ➷ Du hast recht. Wenn es dir dadurch ein bisschen besser geht.

- Das Drahtgestell in deinem Mund ist scheiße.
  ➷ Dann sag mir aber auch deinen Nachnamen.

- Das Drahtgestell in deinem Mund ist scheiße.
  ➷ Kommt auf die Jahreszeit an.

- Das Drahtgestell in deinem Mund ist scheiße.
  ➷ Das war nicht schön betont. – Versuch's noch mal!

- Das Drahtgestell in deinem Mund ist scheiße.
  ➷ Das lässt sich wunderbar durch 12 teilen!

Anschließend noch ein paar verwirrende *Fragen*, die du als Antwort geben kannst. Du kannst diese Fragen als Einzelfragen stellen und anschließend einfach weggehen oder aber eine zweistufige Verwirrfrage, wie oben besprochen, daraus machen. Noch mal zur Wiederholung: Bei den zweistufigen Verwirrfragen wartest du seine Antwort ab – und egal was er sagt, erwiderst du entweder „Nicht mal das weißt (kannst) du!" oder „Na siehst du!".

- Das Drahtgestell in deinem Mund ist scheiße.
  ➷ Hat das einen Einfluss auf den Geburtenrückgang bei Waldameisen?

- Das Drahtgestell in deinem Mund ist scheiße.
  ➷ Wie wichtig ist es dir, mit glücklichen Menschen zusammen zu sein?

- Das Drahtgestell in deinem Mund ist scheiße.
  ↳ Woher hast du diese Wandersage?

- Das Drahtgestell in deinem Mund ist scheiße.
  ↳ Kannst du das auch in der Vergangenheit formulieren?

- Das Drahtgestell in deinem Mund ist scheiße.
  ↳ Kannst du das auch rückwärts sagen?

Antworten mit einem verwirrenden Sprichwort

Kevin läuft in Eile über den Pausenhof. Er rennt um eine Ecke und rempelt dabei seinen Klassenkameraden Oliver unabsichtlich an. Der pöbelt ihn an: „Pass doch auf, wo du hinläufst, du Trottel!“ Kevin erwidert gelassen: „Schau, Oliver, man kann eine Trommel nicht mit einem Finger schlagen, man braucht dazu eine ganze Hand.“ Kevin schaut ihn kurz und wissend an und fügt dann ohne Pause hinzu: „Ich muss dann noch wohin, ich seh dich später“ – spricht's und entfernt sich. Oliver bleibt verdattert stehen und überlegt sich, was er ihm wohl gerade versucht hat beizubringen.

Diese Antwort kannst du zur allgemeinen Methode erheben: Du antwortest dem Angreifer mit einem Sprichwort, das einzig dazu da ist, ihn zu verwirren. Wenn du danach sofort das Thema wechselst, so verliert er vollends den Faden.

- Mein Gott, wie kann man nur so blöd sein und den Ball nicht treffen?
  ↳ Eine Hand, die du nicht umwickeln kannst, schüttle sie. – Warum hast du heut dein blaues Trikot an?

Du wählst ein Sprichwort, das dem ersten Anschein nach einen Sinn ergibt. Nur dann verwirrt es den Angreifer wirklich und er kommt ins Grübeln. Und danach stellst du wie immer eine Ablenkungsfrage.

Du kannst ihm auch die Aufgabe geben, einen tieferen Sinn in diesem Sprichwort zu suchen:

- Du hast doch keine Ahnung.
  ➯ Nicht jeder Flussfisch kann auch im Salzwasser überleben. – Überleg mal genau!

Das Gute daran ist, dass der Angreifer jetzt ernsthaft ins Grübeln kommt, was dieses Sprichwort wohl zu bedeuten hat. Natürlich will er sich keine Blöße geben und zugeben, dass er nichts kapiert hat. Seine Aufmerksamkeit wird komplett von seinem Angriff abgelenkt und er grübelt nach über das, was du gesagt hast.

Wichtig dabei ist, dass du cool und wissend dreinblickst. Die souveräne Körpersprache ist hier besonders wichtig. Nach so einer Antwort sprichst du ohne Pause über eine andere Sache weiter oder du ziehst sofort den Blick vom Angreifer.

Diese Sprichwortmethode lässt sich besonders gut auf Fragen anwenden.

- Du bist so ruhig. Was hast du mit deinem großen Mundwerk gemacht?
  ➯ Ein altes chinesisches Sprichwort sagt: Man kann nicht mit beiden Augen gleichzeitig in eine Flasche schauen. – Sag mal, hast du schon deine Matheaufgaben gemacht?

Falls der andere doch nachfragt, was das denn zu bedeuten habe, so antwortest du: „Denke noch mal richtig darüber nach. Du kommst schon noch darauf." Und dann wechselst du wieder das Thema oder lässt ihn ganz einfach stehen.

Manchmal wirst du am nächsten Tag mit einer Interpretation konfrontiert, die er herausgefunden hat. Dann kannst du einfach antworten: „Nein, das hast du vollkommen falsch verstanden. Überleg noch mal richtig ..."

Man kann in einer Erweiterung dieser Technik auch mit Nonsens-Sprichwörtern, statt mit „seriösen" erwidern. Das heißt, du benutzt Sprichwörter, die sofort erkennbar Unsinn ergeben.

- Das ist doch voller Schwachsinn, was du da sagst.
  ↳ Na ja, wie man in den Wald hineinruft, fällt der Apfel vom Baum. Hast du jetzt endlich dein erstes Barthaar bekommen?

Diese Nonsens-Sprichwörter würde ich eher als „Frotzeln-Training" in lustiger Runde, unter Leuten, die sich gut verstehen, empfehlen. Da erntest du gute Lacher, wenn du es, wie jede schlagfertige Antwort, in der nötigen Selbstvergessenheit präsentieren kannst. Für alle anderen Fälle würde ich die „scheinseriösen" Sprichwörter bevorzugen.

Hier noch drei „scheinseriöse" Verwirr-Sprichwörter, die du universell als Standards einsetzen kannst. Lerne einfach eins davon auswendig. Und teste es vor allem draußen in der „echten" Anwendung.

Standards

↳ Ein Vogel baut zuerst sein Nest, bevor er brütet.
↳ Die Mücke fliegt so lange um das Licht, bis sie verbrennt.
↳ Die Wurzeln erzählen den Ästen nicht, was sie denken.

Such dir einen dieser Standards aus. Wichtig ist, dass du ihn wirklich auswendig kannst – denn du musst ihn draußen in der echten Situation ohne Nachdenken sofort parat haben.

Hier wieder drei Beispiele zum Trainieren. Antworte mit einem scheinseriösen Sprichwort und wechsle anschließend das Thema.

- Ich frage mich immer, wie du es schaffst, dass du versetzt wirst?
- Du hast ja einen Gehfehler! Du Krüppel!
- Du kannst nicht mitreden. Du hast überhaupt keine Ahnung!

Lösungsvorschläge:

- Ich frage mich immer, wie du es schaffst, dass du versetzt wirst?
  ➷ Ein Vogel baut zuerst sein Nest, bevor er brütet. Hast du gestern wieder heimlich Sesamstraße geschaut?

- Du hast ja einen Gehfehler! Du Krüppel!
  ➷ Die Wurzeln erzählen den Ästen nicht, was sie denken. Was willst du später eigentlich mal werden?

- Du kannst nicht mitreden. Du hast überhaupt keine Ahnung!
  ➷ Die Mücke fliegt so lange um das Licht, bis sie verbrennt. Soweit ich weiß, fällt Englisch heute aus. Stimmt das?

Einfach schreien

Man hat Untersuchungen gemacht und herausgefunden, dass ein Neugeborenes nur zwei Ängste hat. Das eine ist die Angst vor dem Fallen und das andere ist die Angst vor Lärm. Alle anderen Ängste sind scheinbar angelernt oder imitiert. Ich weiß nicht, ob das Ergebnis dieser Studie wirklich stimmt, aber eins ist sicher: Der Mensch hat eine Tendenz, lautem Lärm auszuweichen.

Daraus lässt sich jetzt eine Strategie für dich ableiten. Wenn dich jemand beleidigt, und das trifft dich in der Seele, dann ist es hilfreich, wenn du einfach laut losbrüllst.

- Du fette Tonne!
  ➭ Huuuuuaaaaaaauuuuaaaahhhhuuuaaaahhhhhh!!!!!

Das soll kein weinerlicher Schrei sein, sondern ein aggressiver, markdurchdringender Schrei. So wie die Eisbärmutter, die ihr Junges vor einem Angreifer verteidigt.

Du hast zwei Dinge damit erreicht: Einmal hast du deinem Seelenschmerz Luft gemacht und zum anderen bringst du den Angreifer in eine unangenehme, peinliche Situation. Er wird hilflos dastehen und nicht wissen, was er tun soll. Alle schauen auf ihn. Mit dieser Reaktion hat er nicht gerechnet. Ihm ist ganz einfach auch der Lärm unangenehm. Mit Lärm vertreibt man Einbrecher, mit Lärm werden Vergewaltiger abgeschreckt, mit Lärm schreckst du auch den Angreifer ab. Da ging irgendwie eine Sirene los und *er* scheint die Ursache dafür zu sein. Keiner fühlt sich wohl in so einer Situation.

Er wird es sich reiflich überlegen beim nächsten Mal, ob er dich noch einmal so beleidigen will.

Und wenn er es nach dem ersten Mal trotzdem wieder tut, dann musst du das Schreien unbedingt auch noch einmal wiederholen. Denn er darf nicht denken, dass das ein einmaliger Ausrutscher war. Einen Hund erzieht man auch nicht dadurch, dass man ihn ein einziges Mal zurechtweist. Man muss es immer und immer wiederholen, bis er es schließlich kapiert hat.

Du kannst das Spiel sogar noch weitertreiben. Du kaufst dir eine Trillerpfeife und die hast du immer bei dir in der Tasche. Das nächste Mal, wenn der Angreifer kommt, und er beleidigt dich wie üblich, dann nimmst du die Trillerpfeife heraus und bläst, was das Zeug hält, in diese Pfeife hinein. Keiner wird mehr zu dir kommen, solange du pfeifst. Wenn du das drei- bis viermal gemacht hast, kennen dich zwar alle in der Schule, aber ab dem Moment hast du Ruhe!

Um das auch wirklich durchzuziehen, braucht es unendlich viel Mut, aber auch viel Training. Damit du das draußen in der echten Situation in der Schule auch wirklich durchziehst, empfehle ich dir dringend, es zu Hause mehrmals durchzuprobieren. Du nimmst also wie immer deinen besten Freund/deine beste Freundin und sagst ihm/ihr, dass sie dich beleidigen soll. Und du fängst an, wie ein Wahnsinniger loszubrüllen. Du wirst sehen, das macht einen Riesenspaß!

„Ich muss mit dir reden“-Trick

Wenn sich jemand dir gegenüber blöd benimmt und dir auf Anhieb nichts einfällt, um ihn in seine Schranken zu verweisen, kannst du zunächst auf Zeit spielen. Nehmen wir an, folgender Angriff kommt: „Du bist ganz schön behindert!“ Jetzt tust du so, als wärst du besonnen und ruhig. Du schaust ihn an und legst ein bedächtiges Nicken auf. Das heißt, du bewegst ganz dezent und ganz langsam deinen Kopf hoch und runter. Deine Augen sind dabei halb zugekniffen. Das verwirrt ihn schon mal und dann sagst du ganz ruhig: „Hast du drei Minuten Zeit für mich, ich würde mich gern ganz kurz unter vier Augen mit dir unterhalten.”

Jetzt gibt es zwei Möglichleiten. Entweder er sagt „Nein“, dann konterst du „Ich hätte nicht gedacht, dass du so feige bist“, drehst dich ab und gehst einfach weg.

Oder er sagt „Ja“ und dann gehst du mit ihm in einen Extraraum. Dort dreht sich dann plötzlich das ganze Szenario. Wenn er aus der Gruppe isoliert ist, schrumpft ein Rädelsführer meistens wieder auf Normalgröße oder darunter und plötzlich kann man normal mit ihm reden. Allein durch die Tatsache, dass er dir gefolgt ist, hat er quasi schon eingesehen, dass er sich da irgendwie danebenbenommen hat. Im Raum setzt du dich vor ihn hin und schaust ihm erst einmal in die Augen mit demselben bedächtig nickenden Blick wie vorher. Im Normalfall wird *er* plötzlich das Reden anfangen und irgendeine Art Entschuldigung vorbringen. Falls nicht, sagst du ihm: „Ich fand deine Bemerkung vorhin daneben. Ich hab mich gekränkt gefühlt.“ Meist sagt er dann „Ja, war ja nicht so gemeint“ oder etwas Ähnliches. Und dann hast du erst einmal lange Zeit Ruhe vor ihm.

Glasklar richtigstellen

Muhammad Ali ist der weltbeste Boxer aller Zeiten. Er war zu seiner Zeit berühmt für seinen „One-two punch“. „One-two punch“ heißt zu Deutsch „Eins-Zwei-Schlag“. Zunächst schlug er mit seiner Rechten den Gegner an, der kam leicht ins Taumeln, dann kam er blitzschnell mit seiner Linken hinterher und knockte ihn out. Muhammad Ali war berühmt dafür.

Ich will dir hier solch eine verbale One-two-Punch-Strategie zeigen.

Jan wartete in einer Schlange am Bus, um einzusteigen. Vor ihm waren sechs andere Personen in der Reihe. Ein anderer Junge kam plötzlich sichtlich gehetzt vorbei, ging schnurstracks an der ganzen Schlange vorbei und drängte sich vor allen als Erster in den Bus. Jan fauchte aufgebracht: „Du hast wohl ein Rad ab, Mann? Wir waren vor dir!“ Der Junge blitzschnell: „Du liegst voll daneben, meine Räder sind alle dran!“, drehte sich ab und verschwand im Bus.

Damit wir uns richtig verstehen: Ich will dir nicht beibringen, wie man sich im Bus nach vorne drängt. Ich will dir aber zeigen, wie man sich in brenzligen Situationen elegant aus der Affäre ziehen kann. Was der Junge hier angewandt hat, ist die Zweischlag-Methode. Oder anders ausgedrückt das „glasklare Richtigstellen“.

Dies ist eine Methode, mit Vorwürfen und Angriffen selbstbewusst umzugehen ist.

Der erste Schlag besteht darin, dass du den Vorwurf des Angreifers *bewertest*: „Du liegst voll daneben.“ Damit hast du vor den anderen schon einmal dokumentiert, dass du den Vorwurf so nicht gelten lässt. Du schmetterst ihn wie einen Tennisball quasi aus der Luft direkt volley zurück. Ohne Pause kommt dann der zweite Schlag: „Meine Räder sind alle dran.“ Beim zweiten Schlag behauptest du ganz einfach das Gegenteil von dem, was der Angreifer dir vorgeworfen hat.

Und das ist das ganze Prinzip, noch einmal vereinfacht dargestellt:

- Angriff
  ➷ Bewerten → Richtigstellen

Bewertungen sind kurze knackige Sätze, die dem Angreifer klarmachen, dass er mit seiner Behauptung voll danebenliegt.

Hier gebe ich dir eine Auswahl:

➷ Da bist du auf dem Holzweg.
➷ Du bist offensichtlich falsch informiert ...
➷ Das ist so was von schwach, was du da von dir gibst!
➷ Du hast ein Problem mit der Wahrnehmung.
➷ Da liegst du voll daneben.
➷ So ein Quatsch!
➷ Das ist absoluter Schwachsinn, was du da sagst.
➷ Ich glaub, du bist bekifft.
➷ Deine Bemerkung ist reichlich schwach.
➷ Das ist doch lächerlich, was du da sagst.

Was auch immer der andere dir vorwirft, du hörst es an, bewertest es zunächst und schickst dann das Gegenteil des Vorwurfs zurück. Das klappt wunderbar – schau dir's an.

- Du hast doch nicht alle Tassen im Schrank.
  ➷ Deine Bemerkung ist völlig unbrauchbar, meine Tassen sind da, wo sie hingehören.

- Du solltest auf die Sonderschule gehen.
  ↳ Da liegst du voll daneben! Ich sollte aufs Gymnasium gehen, auch wenn du das bis jetzt noch nicht erkannt hast.

Bei dem vorhergehenden Beispiel habe ich noch einen Nachsatz nachgestellt, der sehr wirksam ist: „Auch wenn du das bis jetzt noch nicht erkannt hast." Das ist ein universeller Nachsatz, den du an alle Richtigstellungen anfügen kannst.

- Du hast einen fetten Arsch.
  ↳ Du hast wohl ein Augenproblem. Mein Hintern ist genauso, wie er sein muss, auch wenn du das bis jetzt noch nicht erkannt hast.

Und wenn du den Namen des Angreifers am Ende noch mal genüsslich betonst, wird's noch wirksamer.

- Du hast einen fetten Arsch!
  ↳ Du hast wohl ein Augenproblem. Mein Hintern ist genauso, wie er sein muss, auch wenn du das bis jetzt noch nicht erkannt hast, Tobias!

- Deine Klamotten sind ziemlich altmodisch!
  ↳ Ich glaub, du bist bekifft. Meine Klamotten sind der Zeit weit voraus, auch wenn du das bis jetzt noch nicht erkannt hast.

Eins ist bei dieser Art des Reagierens noch wichtig: Du darfst dabei keine sogenannten „Weichmacher" benutzen. Zum Beispiel: „Stimmt nicht, ich finde, dass meine Klamotten eigentlich, manchmal doch sogar der Zeit voraus sind, glaube ich." Das ist eine um ein Vielfaches schwächere Erwiderung. Die Außenwirkung bricht komplett ein. Warum? Weil Weichmacher über Weichmacher drin sind: Ich finde, eigentlich, manchmal, doch, glaube ich. Das alles entwertet Stück um Stück deine Aussage. Du musst die Antwort wie mit einem Beilhieb formulieren und glasklar richtigstellen.

- Du bist dumm!
  ↳ So ein Quatsch, ich bin hochgradig clever. Auch wenn du das bis jetzt noch nicht erkannt hast.

Ich will dich hier auch noch auf eine Besonderheit dieser Technik aufmerksam machen. Wenn du auf den obigen Vorwurf „Du bist dumm!“ geantwortet hättest: „So ein Quatsch, ich bin *nicht* dumm!“, so wäre die Wirkung nicht so gut gewesen. Schau dir noch einmal die obige Antwort an: „So ein Quatsch, ich bin hochgradig clever!“

Das Problem bei der ersten Antwort war, dass dort ein „Nicht“ drin ist. Das „Nicht“ wird vom Zuhörer kaum registriert. Er hört beim Vorwurf „dumm“, er hört bei der Antwort „dumm“ und für ihn bleibt der Eindruck: „Da ist einer dumm.“ Versuche also beim „glasklaren Richtigstellen“ das Negativwort nicht mehr in der Antwort zu wiederholen. Das Gegenteil von dumm ist intelligent, klug oder clever. Und das formuliere dann bei der Richtigstellung: „ … Ich bin hochgradig clever.“

Du brauchst bei dieser Technik einen Basisbaustein der Schlagfertigkeit: ruckartig das Gegenteil des Vorwurfs formulieren zu können. (Aus „arrogant“ machst du „bescheiden“, aus „geizig“ „großzügig“, aus „ungehobelt“ „anständig“ … usw.)

Aus denselben Gründen sind auch die einleitenden Bewertungssätze „Stimmt nicht“ oder „Das ist nicht richtig“ nicht so wirkungsvoll. Denn darin kommt das Wort „nicht“ vor. Sag beim Bewerten lieber: „Da liegst du voll daneben“ oder „Du hast ein Problem mit der Wahrnehmung“. Das kommt viel besser.

Sammlung von Angriffen, mit „Glasklar richtigstellen“ gekontert

Im Klammern steht der Zusatz „Auch wenn du das bis jetzt noch nicht erkannt hast“ angehängt. Dieser Satz ist nicht zwingend notwendig. Wenn du ihn aber auch noch anfügst, dann erzielst du eine richtig durchschlagende Wirkung.

- Du bist zu klein, um das zu machen.
  ➾ Absoluter Unsinn. Ich hab genau die richtige Größe. (Auch wenn du das bis jetzt noch nicht erkannt hast.)

- Mädchen können so was nicht!
  ➾ Deine Bemerkung ist reichlich schwach. Mädchen können das besser als Jungs. (Auch wenn du das bis jetzt noch nicht erkannt hast.)

- Dein Dialekt klingt schrecklich!
  ➾ Das findest nur du. Mein Dialekt klingt sehr charmant. (Auch wenn du das bis jetzt noch nicht erkannt hast.)

- Du nimmst ja Drogen.
  ➾ Da bist du auf dem Holzweg. Ich nehme gar nichts. (Auch wenn du das bis jetzt noch nicht erkannt hast.)

- Du hast ja Silikontitten.
  ➾ Das ist so was von schwach, was du da von dir gibst! Bei mir ist alles Natur pur! (Auch wenn du das bis jetzt noch nicht erkannt hast.)

- Du fickst ja mit jedem.
  - ➯ Da bist du offensichtlich falsch informiert. Ich bin sehr, sehr wählerisch. (Auch wenn du das bis jetzt noch nicht erkannt hast.)

- Du bist schwul!
  - ➯ Du hast ein Problem mit der Wahrnehmung. Ich fahre nur auf Frauen ab. (Auch wenn du das bis jetzt noch nicht erkannt hast.)

- Deine Kappe ist so hässlich!
  - ➯ Da liegst du voll daneben, die Kappe ist stylisch! (Auch wenn du das bis jetzt noch nicht erkannt hast.)

- Du hast gestern da draußen den Radau gemacht.
  - ➯ So ein Quatsch, das waren andere. (Auch wenn du das bis jetzt noch nicht erkannt hast.)

- Pass doch auf! Schau mal, wo du hintrampelst.
  - ➯ Das ist absoluter Schwachsinn, was du da von dir gibst. Ich achte immer darauf, wo ich hintrete. (Auch wenn du das bis jetzt noch nicht erkannt hast.)

- Du kannst das nicht!
  - ➯ Ich glaub, du bist bekifft. Wenn einer das kann, dann bin ich das. (Auch wenn du das bis jetzt noch nicht erkannt hast.)

- Du bist sooo schlecht!
  - ➯ Das ist doch lächerlich, was du da sagst. Ich bin gut. (Auch wenn du das bis jetzt noch nicht erkannt hast.)

Wie bei jeder anderen Technik auch, kannst du die Wirkung dramatisch verstärken, indem du danach eine Ablenkungsfrage stellst. Bitte geh zum Training noch einmal einige Angriffe in diesen Kapiteln durch und ergänze sie durch eine Ablenkungsfrage, wie im Kapitel „Die Ablenkungsfrage“ auf Seite 35 besprochen.

Abändern von Redewendungen

Julian saß im Bus und erzählte eine Geschichte vom letzten Wochenende. Marco, einer seiner Kumpels, hatte versprochen, bei Julians Eltern zu Hause bei der Gartenarbeit mitzuhelfen. Julians Mutter gab den beiden die Anweisung, in unterschiedlichen Ecken des Gartens Unkraut zu jäten. Julian begann in seinem Teil des Gartens und Marco war in einer anderen Ecke beschäftigt. Nach zwei Stunden kam der Vater in den Garten und schlug die Hände über dem Kopf zusammen. Marco hatte in seinem Beet alle von Julians Mutter frisch gepflanzten Blumenpflänzchen weggekratzt, aber das Unkraut stand noch in voller Blüte. Julian kommentiert: „ … Mein Vater dachte, sein Traktor humpelt!“ Alle im Bus mussten schallend lachen.

Es war nicht nur die Geschichte, die die Kumpels zum Lachen brachte, sondern auch der Ausdruck: „… Mein Vater dachte, sein Traktor humpelt!“

Was Julian gemacht hat, ist eine coole Möglichkeit, um origineller als die anderen zu wirken. Es gibt solche stehenden Redewendungen, wie zum Beispiel „Ich denk, mich tritt ein Pferd“ oder „Das reißt mich nicht vom Hocker“ oder „Ich verstehe nur Bahnhof“.

Diese Redewendungen haben Eingang in unsere Alltagssprache gefunden. Jetzt bedenke aber einmal, dass irgendwann irgendeiner diese Sprüche erfunden hat. Stück für Stück haben sie immer mehr Leute kopiert, bis sie schließlich zu einer stehenden Redewendung geworden sind. Ganz am Anfang waren sie neu und originell und man konnte darüber lachen. Aber heute gewinnst du bei Alltagsgesprächen mit stehenden Redewendungen keinen Blumentopf mehr. Jetzt kannst *du* derjenige sein, der solche neuen Redewendungen einführt.

Schlagfertigkeit besteht darin, die Erwartungshaltung zu brechen, Unerwartetes einzustreuen. Und das ist genau das, was

Julian mit dieser „Mich tritt ein Pferd"-Redewendung gemacht hatte. Das kannst du zum System ausbauen.

Du nimmst einfach den Kernausdruck aus der Redewendung und tauschst ihn durch einen anderen Ausdruck aus. Damit klingst du originell und schlagfertig.

So kann das dann klingen:

- Ich denk, mein Dackel jodelt.
- Ich denk, an mir knabbert ein Yeti.
- Ich denk, Helmut Kohl will mit mir tanzen.

Aber Achtung: Es gibt Abwandlungen, die sind fast selbst zu stehenden Redewendungen geworden. Das wirkt dann fast schon wieder flach:

- Ich denk, mich streift ein Bus.
- Ich denk, mich knutscht ein Elch.

Das hat man schon mal gehört, davon solltest du lieber Abstand nehmen. Hier eine andere stehende Redewendung:

- Der ist dumm wie Stroh.

So ein Spruch wirkt wenig originell. Und so geht es im Prinzip mit allen etablierten Redewendungen. Schau, was passiert, wenn man den Kernausdruck einfach ersetzt:

- Der ist dumm wie ein Putzeimer.
- Der ist dumm wie ein Prittstift.
- Der ist dumm wie ein A4-Locher.

Du tauschst den Kernbegriff aus und ersetzt ihn durch etwas Neues, Originelleres, möglichst Absurdes. Das ist einfach ein Training.

Statt zu sagen: „Der pfeift aus dem letzten Loch", sag doch lieber: „Der pfeift aus ... der letzten Ölung." Wenn du das innerhalb eines Gesprächs einfach locker einfügst, wirkst du sehr originell und schlagfertig. Du machst aus einem alten ausgelutschten Auto wieder einen Neuwagen, indem du einfach ein paar neue Teile einbaust.

Wichtig ist aber, dass du nicht nur meine Beispiele konsumierst, sondern dass du selber ins Überlegen kommst. Denn ich will erreichen, dass du in Zukunft eigenständig den Kernausdruck der Redewendungen erkennst und veränderst.

Versuch's nun mal selber:

- Ich verstehe nur Bahnhof.
  ↳ Ich verstehe nur ...
- Das reisst mich nicht vom Hocker.
  ↳ Das reisst mich nicht ...
- Das fällt dem Rotstift zum Opfer.
  ↳ Das fällt ... zum Opfer.
- Das spielt keine Rolle.
  ↳ Das spielt keine ...
- Ich hab gerade noch die Kurve gekriegt.
  ↳ Ich hab gerade noch ... gekriegt.
- Da ist alles in Butter.
  ↳ Da ist alles in ...
- Sie schlagen zwei Fliegen mit einer Klappe.
  ↳ Sie schlagen zwei Fliegen mit ...

Auf meiner Website *www.schlagfertigkeit.com* findest du unter dem Menüpunkt „Techniken" mögliche Lösungen für die obige Aufgabe.

Schlagfertigkeit, soweit es die Witzfertigkeit betrifft, bedeutet auf der Lauer zu liegen, bewusst die Öffnung für einen Erwartungsbruch zu suchen. Das machen Harald Schmidt, Oliver Pocher und Thomas Gottschalk nicht anders. Sobald die wissen, was das Publikum erwartet, brechen sie bewusst dessen Erwartungshaltung. Mit der systematischen Abwandlung von Redewendungen gelingt das auf Anhieb.

Der absurde Vorteil

Sabine und Timo laufen auf dem Gehsteig Richtung Schule. Plötzlich bemerkte Sabine, dass an ihrem rechten Schuh die Schnürsenkel gelöst sind. Sie bleibt stehen, reicht Timo ihre Schultasche und sagt: „Bitte halt mal kurz!" Timo schaut sie schräg von oben an und sagt: „Warum, stell sie doch einfach hin!" Sabine raunzt ihn an: „Du hast kein Gefühl!" Der entgegnet: „Gut so, da brauch ich wenigstens keine Betäubung beim Zahnarzt."

Diese Bemerkung von Timo hat ein Prinzip. Jemand giftet dich an und du gibst ihm eine Antwort, bei der du den Nutzen aus dem Angriff herausstellst. Das ist das Prinzip: Wir suchen den Nutzen, aber nicht den sachlichen Nutzen, sondern den *absurden* Nutzen. Oder anschaulicher ausgedrückt, den Nonsens als Nutzen.

Sabine sagt: „Du hast kein Gefühl." Jetzt überlege einmal, was für einen unsinnigen Nutzen man haben könnte, wenn man kein Gefühl hat. Timo findet diese Lösung: Wer beim Zahnarzt ist und kein Gefühl mehr hat, der braucht dort wenigstens keine Betäubungsspritze mehr. Und das ist seine Antwort: „Gut so, da brauch ich wenigstens keine Betäubung beim Zahnarzt."

Das ist eine Methode, wie du auf Angriffe eine lustige Erwiderung geben kannst.

Du fragst dich bei dem Angriff, welchen absurden Nutzen könnte ich dadurch haben? Ein normaler Nutzen wirkt nicht witzig, du musst einen weit hergeholten, unsinnigen Nutzen nehmen.

- Du lebst wohl hinterm Mond.
  ↳ Dafür aber mietfrei.

Drei Kinder spielen auf dem Spielplatz. Ein Mädchen steht abseits und würde auch gern mitspielen. Das Mädchen nähert sich und fragt: „Kann ich mitspielen?" Da sagt einer aus der Gruppe: „Nein, und außerdem: Du bist ja gar nicht von deinen Eltern, du bist ja nur adoptiert." – Das Mädchen faucht: „Mich konnten sie wenigstens aussuchen, dich mussten sie nehmen, wie du warst." Cool, oder?

„Mich konnten sie wenigstens aussuchen" – das ist der absurde Nutzen. „Dich mussten sie nehmen, wie du warst" – das war noch ein kleiner abschließende Jauchetropfen auf den Schädel des Angreifers.

- Dich haben sie als Baby wohl fallen gelassen.
  ↳ Seither passe ich wenigstens in kürzere Betten.

Du kommst bei dieser Technik sehr schnell auf brauchbare Lösungen, wenn du das Wort „wenigstens" in die Antwort reindenkst. Formuliere einfach den Satz: „Da ist wenigstens ..." oder „Da hab ich wenigstens ..." und schon fällt deinem Hirn leicht ein absurder Nutzen ein.

- Du machst immer den gleichen Fehler.
  ↳ Da muss ich mir wenigstens keinen neuen überlegen.

- Du hast 'ne hässliche Zahnspange.
  ↳ Bei mir glitzert wenigstens etwas.

- Dir haben sie wohl das halbe Hirn rausoperiert.
  ↳ Weißt du, seitdem hab ich wenigstens mein Idealgewicht.

Das ergibt genau die schönen frechen Antworten, die die meisten Menschen zwar gern hören, aber selten selber zu geben wagen. Frechheit gehört zur Schlagfertigkeit dazu.

- Du hast einen Silikonarsch.
  ↳ Das hilft mir als Sprunghilfe beim Weitsprung.

- Mein Gott bist du dick.
  ↳ Das gibt im Sommer wenigstens Schatten.

- Du schnarchst.
  ↳ Da weißt du wenigstens, dass ich noch lebe.

Der Nutzen beziehungsweise der Vorteil muss weit hergeholt und absurd sein, nur dann wirkt die Antwort schlagfertig. Nehmen wir an, dein Papa fährt Auto und deine Mama als Beifahrerin korrigiert ihn: „Du fährst zu schnell." Wenn er zur Antwort gibt: „Da komme ich schneller an", ist dies ein seriöser Vorteil des schnellen Fahrens. Das wirkt aber nicht richtig schlagfertig. Wenn er aber antwortet: „Da hab ich wenigstens immer schöne Polizeifotos von mir", ist der Vorteil absurder und wirkt damit schlagfertiger.

Es gibt auch hier wieder Standardantworten, die bei der Mehrzahl der Angriffe einfach immer passen. Hier ist die erste Standardantwort, die ich dir einmal an fünf Angriffen vorführe:

- Du wirst ja immer rot!
  ↳ Das ist wenigstens steuerfrei.

- Du Knirps!
  ↳ Das ist wenigstens steuerfrei.

- Dein Dialekt klingt schrecklich!
  ↳ Das ist wenigstens steuerfrei.

- Deine Klamotten sind von der Altkleidersammlung.
  ↳ Das ist wenigstens steuerfrei.

- Du stinkst.
  ↳ Das ist wenigstens steuerfrei.

Hier ist die nächste Standardantwort, die ich dir auch an fünf Angriffen vorführe:

- Du wirst ja immer rot!
  ↳ Das finden Mädchen (Jungs) sexy.

- Du Knirps!
  ↳ Das finden Mädchen (Jungs) sexy.

- Dein Dialekt klingt schrecklich!
  ↳ Das finden Mädchen (Jungs) sexy.

- Deine Klamotten sind von der Altkleidersammlung!
  ↳ Das finden Mädchen (Jungs) sexy.

- Du stinkst!
  ↳ Das finden Mädchen (Jungs) sexy.

Hier ist die letzte Standardantwort, wieder an fünf Angriffen vorgeführt:

- Du wirst ja immer rot!
  ↳ Das macht wenigstens nicht dick.

- Du Knirps!
  ↳ Das macht wenigstens nicht dick.

- Dein Dialekt klingt schrecklich!
  ↳ Das macht wenigstens nicht dick.

- Deine Klamotten sind von der Altkleidersammlung!
  ↳ Das macht wenigstens nicht dick.

- Du stinkst!
  ↳ Das macht wenigstens nicht dick.

Du erkennst, dass diese Standardantwort für alle Angriffe klappt, außer bei: „Du bist dick!“

Sammlung von Angriffen, mit „absurdem Nutzen“ gekontert

- Du hast Pickel im Gesicht!
  ↳ Da spar ich mir wenigstens am Morgen immer den Brotaufstrich.

- Dich haben sie als Baby wohl fallen gelassen!?
  ↳ Seitdem hab ich keine Flugangst mehr.

- Du bist ja in der Schule sitzen geblieben!
  ↳ Ich war so beliebt, dass mich die Lehrer immer behalten wollten.

- Du sitzt ganz schön in der Scheiße!
  ↳ Da ist es wenigstens warm.

- Du lebst wohl hinterm Mond!?
  ↳ Da springt man wenigstens weiter.

- Du hast wohl ’ne Ecke ab!
  ↳ Du nicht, deswegen sieht dein Kopf so eckig aus.

- Du hast aber große Füße!
  ↳ Da brauch ich keine Skier mehr.

- Du hast deine Hausaufgaben nicht gemacht!
  ↳ Da verschwende ich weniger Tinte.

- Du siehst zum Gruseln aus!
  ↳ Da komme ich wenigstens umsonst in die Geisterbahn.

- Du stehst hier im Weg!
  ↳ Da wird man wenigstens aufmerksam auf mich.

- Du hast schon wieder dieselben Kleider an!
  ↳ Da kann man mich wenigstens gleich wiedererkennen.

- Du wirst ja immer rot!
  ↳ Da kann ich mir das Rouge sparen.

- Du Knirps!
  ↳ Da kann ich den Frauen immer schön unter den Rock schauen.

- Du Nutte!
  ↳ Da übe ich wenigstens immer, wie man mit Stöckelschuhen läuft.

- Dein Dialekt klingt schrecklich!
  - ↳ Da muss ich wenigstens nicht vorsingen.
- Deine Klamotten sind von der Altkleidersammlung!
  - ↳ Da wollen die Penner wenigstens kein Geld mehr von mir.
- Du stinkst!
  - ↳ Da bleiben mir wenigstens unangenehme Leute vom Hals.
- Dein Hemd hat ein Loch!
  - ↳ Da habe ich wenigstens immer schön frische Luft auf der Haut.
- Du bist ganz schön behindert!
  - ↳ Da krieg ich später wenigstens immer einen Parkplatz.
- Hey, du hast ja keine Unterwäsche an!
  - ↳ Da brauch ich sie nicht mehr zu waschen.
- Du schaust aus wie Scheiße!
  - ↳ Da tritt wenigstens keiner mehr auf mich drauf.

Und hier eine Sammlung von Antworten auf *den* Angriff, den viele von euch wohl am häufigsten hören:

- Du fetter Mops!
  - ↳ Das gibt im Sommer immer Schatten.
  - ↳ Da sitzt das Kleid wenigstens schön eng.
  - ↳ Da spar ich mir den Airbag.
  - ↳ Da bekomme ich beim Duschen keine nassen Füße.
  - ↳ Davon kann ich im Krieg länger zehren.
  - ↳ Da hab ich es im Winter schön warm.

- Da falle ich als Person mehr ins Gewicht.
- Da hab ich immer Auftrieb.
- Kann sein, ist aber nicht ansteckend.

Wie bei jeder anderen Technik auch, kannst du die Wirkung dramatisch verstärken, indem du danach eine Ablenkungsfrage stellst. Bitte geh zum Training noch einmal einige Angriffe in diesen Kapiteln durch und ergänze sie durch eine Ablenkungsfrage, wie im Kapitel „Die Ablenkungsfrage“ auf Seite 35 besprochen.

Auf meiner Website *www.schlagfertigkeit.com* findest du unter dem Stichwort „Antwortbibliothek“ eine gigantische Sammlung von Angriffen und den knackigsten Antworten dazu. Dort findest du eine Suchmaske, in die gibst du zum Beispiel das Stichwort „fett“ ein. Sie wirft dir dann alle Beschimpfungen aus, in denen das Wort „fett“ vorkommt. Zum Beispiel „Du Fettsack“, „Du fetter Mops“ oder „Du fette Sau“. Oder du gibst ein „dünn“ oder „Zwerg“ ein oder was auch immer dein Problemfeld ist. Allein für den Angriff über dein Dicksein habe ich dort über 40 knackige Antworten aufgelistet. Also, es lohnt sich!

Angriffe wegen Behinderungen

Alexander stottert. Selbst die Lehrer sind versucht zu vermeiden, ihn im Unterricht aufzurufen, denn sie wissen, dass er leidet, wenn sein Leiden öffentlich sichtbar wird. Bisweilen hört er im Pausenhof, wie man ihn hinter seinen Rücken nachäfft. Alexander leidet sehr unter seinem Sprachproblem.

Eines Tages steht er im Pausenhof mit einer Gruppe von Freunden, als hinter ihm zwei Jungs vorbeilaufen und bewusst laut einen Stotternden nachahmen, sodass Alexander es hören muss. Alexander löst sich aus der Gruppe, läuft den beiden hinterher, greift den einen an der Schulter, dreht ihn zu sich und sagt: „Du machst dich hinter meinem Rücken lustig über mich? Warum bist du zu feige, es zu tun, wenn ich dir gegenüberstehe?" Auch bei diesem Satz hat Alexander gestottert, aber er ist trotzdem stolz auf sich. Er schaut den anderen kurz und intensiv schweigend an und sagt dann: „Lasst das bitte in Zukunft!"

Das, was Alexander gemacht hat, ist auch die Strategie, die ich dir empfehle, wenn du ein Handicap oder eine Behinderung hast und man sich in deiner Hörweite über dich lustig macht. Es braucht, wie immer bei meinen Methoden, verdammt viel Mut, aber es hilft. Du gehst zielstrebig auf die Leute zu, die gerade hinter deinem Rücken über dich reden, und sprichst sie auf das an, was sie gerade tun. Der Satz, den Alexander gesagt hat, ist universell. Du kannst ihn immer wieder benutzen. Bitte lerne ihn auswendig:

„Du machst dich hinter meinem Rücken lustig über mich; warum bist du zu feige, es zu tun, wenn ich dir gegenüberstehe?"

Wie Alexander schaust du den anderen dann kurz und intensiv schweigend an und sagst: „Lasst das bitte in Zukunft!" Und dann gehst du einfach weg.

Wenn dich jemand direkt auf deine Behinderung anspricht, dich herabputzt oder beleidigt, dann empfehle ich dir einen erprobten Satz zu sagen. Je lauter du ihn sagst, desto höher die Wirkung:

- (Zu jemandem mit Gehfehler) Du Missgeburt!
  ↳ (Richtig schreien!) Würdest du Feigling das auch sagen, wenn der Schulleiter hier wäre? (Kleine Pause) Lass das bitte in Zukunft!

Wichtig dabei ist, dass du ihn einen „Feigling“ nennst, denn dadurch bringst du ihn in die Defensive. Die Aufforderung „Lass das bitte in Zukunft!“ ist wichtig, denn du musst den Leuten sagen, welches Verhalten du von ihnen wünschst.

Hier noch eine zweite Antwort, die du benutzen kannst:

- Du Missgeburt!
  ↳ Sei froh, dass du gesund geboren wurdest! (Kleine Pause) Lass das bitte in Zukunft!

Scheue dich nicht, diese Antwort wörtlich immer und immer zu wiederholen. Denn auf den immer selben Topf gehört der immer selbe Deckel. Die Angreifer sagen auch immer dasselbe, deswegen kannst auch *du* immer dasselbe als Antwort geben. Irgendwann wird es den Angreifern zu blöde, denn sie kennen den Ausgang des Spiels schon. Und damit wird das Spiel für sie uninteressant.

Wenn Lehrer mal danebengreifen

Mathematikunterricht. Der Lehrer steht vorne und spricht über Bruchrechnen. Er schreibt eine komplizierte Bruchrechnung an die Tafel. Er fragt: „Wer kann das mal lösen?“ Er schaut suchend in der Klasse umher. Etliche Arme strecken auf, aber er ignoriert sie. Sabine rutscht in ihrem Stuhl Millimeter für Millimeter nach unten, denn sie weiß, dass sie das wahrscheinlich nicht hinkriegen würde. Aber prompt bleibt der Blick des Lehrers bei ihr stehen: „Ja, Sabine, wie wär's mal mit dir!“ Sabines Herz beginnt zu klopfen. Sie befürchtet eine Blamage vor der ganzen Klasse. Sie geht nach vorne, steht an der Tafel mit der Kreide in der Hand und überlegt. Aber nichts will ihr einfallen. Nach einer endlosen Minute sagt der Lehrer schließlich: „Na ja, Sabine, in Mathematik bist du halt eine Null!“ Doppelt blamiert und mit eingezogenem Kopf schleicht Sabine zu ihrem Platz zurück.

Dies ist eine Situation, der du auch einmal ausgesetzt sein könntest. Ein Lehrer macht eine Bemerkung, durch die du dich gekränkt fühlst. Hier empfehle ich dir, die bisherigen Schlagfertigkeitsstrategien *nicht* anzuwenden. Denn diese sind eher dafür gedacht, Rabauken in die Schranken zu weisen. Aber ein Lehrer will als Respektsperson gesehen werden und deshalb sollst du hier ganz feinfühlig reagieren. Aber trotzdem sollst du nicht sprachlos bleiben. Denn wenn du dich gekränkt fühlst, dann darfst du immer reagieren, auch gegenüber Lehrern.

Ich habe hier eine Standardantwort entwickelt, die du in solchen Situationen immer sagen kannst:

↳ Warum wollen Sie mich vor allen bloßstellen?

Schau hier die Reaktion noch einmal im Zusammenhang an:

- Na ja, Sabine, in Mathematik bist du halt eine Null!
  ↳ Warum wollen Sie mich vor allen bloßstellen?

Mit dieser Antwort sprichst du etwas an, was keiner als unverschämt einstufen kann: dein eigenes Gefühl! Du beschreibst ihm nur, wie du dich *fühlst*, wenn er dir so etwas sagt. Damit greifst du niemanden an, sondern gibst den anderen nur einen Hinweis, wie das bei *dir* angekommen ist.

Hier im Anschluss gleich drei Beispiele, wie du mit dieser Standardantwort in unterschiedlichen Situationen reagieren kannst.

- Na, Tobias, bist du ausgeschlafen? Mal wieder die Nacht durchgemacht, oder was?
  ↳ Warum wollen Sie mich vor allen bloßstellen?

- Im Zeichenunterricht: Schaut mal die Zeichnung von Tobias an. Das soll ein Mensch sein. Möchtet ihr so aussehen? Ha, ha!
  ↳ Warum wollen Sie mich vor allen bloßstellen?

- Im Sportunterricht: Der Tobias macht das jetzt mal vor. Dann sehen wir, wie wir's NICHT machen dürfen.
  ↳ Warum wollen Sie mich vor allen bloßstellen?

Ich zeige dir gleich noch drei weitere Standards, die du anwenden kannst, wenn ein Lehrer sich deiner Ansicht nach im Ton vergriffen hat.

- Na ja, Sabine, in Mathematik bist du halt eine Null!
  ↳ Warum wollen Sie mich vor allen beleidigen?

- Na ja, Sabine, in Mathematik bist du halt eine Null!
  ↳ Warum wollen Sie sich profilieren auf Kosten von Wehrlosen?

- Na ja, Sabine, in Mathematik bist du halt eine Null!
  ↳ Ich fühle mich durch Sie gekränkt!

All diesen Antworten ist gemeinsam, dass du dein eigenes Gefühl ansprichst.

Ich habe für dich noch einen Spruch entwickelt, den du immer dann sagen kannst, wenn du an der Tafel mal nichts weißt. Lerne diesen Satz auswendig – er hat's in sich:

↳ Erkenntnisordnung und Seinsordnung werden grundsätzlich getrennt. Man muss über eine begründete Erkenntnistheorie verfügen. Diese Erkenntnistheorie darf nicht rekonstruktivistisch sein, so wie die Abbildtheorie. Alle Abbildtheorien sind widerlegt worden.

Der Satz heißt eigentlich gar nichts, klingt aber sehr gescheit! Es gibt drei Möglichkeiten, wie der Lehrer reagieren wird:

Er wird so tun, als ob er's versteht, und wechselt das Thema oder er fragt nach, was das heißen soll. Dann sagst du: „Eigentlich gar nichts, klingt aber gut, oder?" oder er wird gleich herzhaft lachen. Auf jeden Fall hast du ihn abgelenkt von deinem Nichtwissen.

Zum Schluss habe ich noch zwei Vorschläge für eine humorige Bemerkung, wenn du zu spät in den Unterricht kommst:

↳ Ach, habt ihr heute früher angefangen?
↳ Äh, ist schon wieder Sommerzeit??

Ausgelacht werden vor der ganzen Klasse

Lukas streckt seinen Finger auf. Die Biologielehrerin hat eine Frage gestellt, über ein Thema, das im Unterricht noch nicht besprochen worden ist. Lukas ist stolz, dass er es trotzdem weiß. Denn Lukas liest auch in seiner Freizeit Wissensbücher und dort hat er diese Information kürzlich gelesen. Die Lehrerin hatte alle in der Klasse dazu aufgefordert, einmal zu versuchen, ihre Zunge zu einer U-Form zu rollen. Ungefähr 2/3 in der Klasse konnten es auf Anhieb, aber 1/3 der Klasse konnte es nicht. Jetzt wollte die Lehrerin wissen, wie lange es wohl dauern würde, bis dieses Drittel diese Fähigkeit lernen würde. Lukas wusste nun, dass man diese Fähigkeit gar nie erlernen kann, denn sie ist vererbt. Aufgeregt streckte er seinen Finger in die Luft, denn er wollte sein Wissen loswerden. Die Lehrerin schaute auf ihn und sagte: „Ja, Lukas, was meinst du?" Aber Lukas versprach sich: „Das kann man gar nicht lernen, das ist eine Fähigkeit, mit der sind wir gebährt." Die ganze Klasse bog sich vor Lachen. Lukas wurde ganz rot, dabei war er doch so stolz auf seine Antwort gewesen.

Ich will dir hier eine Möglichkeit aufzeigen, was Lukas in dieser Situation hätte sagen können. Wie bei allen Vorschlägen, die ich dir mache, braucht es dazu wieder Mut. Lukas hätte sich zur Klasse drehen können und mit lauter Stimme sagen:

> Hätte euch das nicht auch passieren können? Das ist nicht lustig!

Das ist wieder eine Standardantwort, die du dir auswendig merken sollst. Die kannst du immer dann benutzen, wenn die ganze Klasse gemeinsam über dich lacht, weil dir etwas Dummes passiert ist.

Mit der eindeutigen Aufforderung „Das ist nicht lustig!“ gibst du den Leuten ganz klare Anweisungen, wie sie die Situation einzuschätzen haben. Es ist erstaunlich, wie man einen Witz oder eine lustige Situation ruckartig kaputt machen kann, indem man einfach sagt: „Das ist doch gar nicht lustig!“ Du wirst damit zwar nicht alle zum Schweigen bringen, aber zwischen 30 und 50 Prozent der Mitschüler lachen weniger oder hören ganz auf zu lachen.

Hier weitere Situationen, wo diese Standardantwort eingesetzt wird:

Julia muss vor die Tafel gehen. Aber ihre Unterhose guckt raus. Die ganze Klasse fängt an zu lachen. Julia dreht sich zur Klasse und sagt laut: „Hätte euch das nicht auch passieren können? Das *ist* nicht lustig!“

Bianca ist im Deutschunterricht mit Lesen dran. Alle anderen in der Klasse haben ihr Buch auch aufgeschlagen und lesen parallel mit. Der Satz, den sie als Nächstes lesen soll, lautet: „Nirgendwo sonst stehen Tradition und fernöstliche Exotik in einem so vitalen Zusammenhang.“ Aber Bianca liest: „Nirgendwo sonst stehen Tradition und fernöstliche *Erotik* in einem so vitalen Zusammenhang.“ Die ganze Klasse wiehert vor Lachen. Bianca dreht sich zu der lachenden Klasse und sagt laut: „ Habt ihr noch niemals einen Versprecher gemacht? Das *ist* nicht lustig!“

Alexander wird vom Lehrer an die Tafel geholt. Er steht auf, aber als er nach vorne läuft, stolpert er über eine Schultasche, die etwas im Weg steht. Die ganze Klasse brüllt. Alexander dreht sich um und sagt mit lauter Stimme: „Seid ihr noch niemals gestolpert? Das *ist* nicht lustig!“

Gewalt von Älteren und Größeren

Tim (12) ist in der 6. Klasse. Er ist ein Kandidat, der immer wieder als „Opfer“ hergenommen wird. Seit drei Schuljahren hat Tim einen Jungen in der Klasse, der sich den Spaß machte und die Kinder „einfach mal so“ schlug. Nichts ahnend bekam man dann einen Fußtritt in den Rücken, wurde gegen die Wand geschlagen, in die Hecke geschmissen oder es wurde einem das Pausenbrot einfach weggenommen. Tim war ein wenig mopsig, aber nicht dick und grundsätzlich ein friedliebender Mensch. Durch seine „Gemütlichkeit“ und weil er lieber bastelte, als Sport zu treiben, war er zum idealen „Opfer“ für diesen Jungen geworden. Tim wusste nie, wie er gegen ihn verbal ankommen sollte, nur insgeheim wünschte er sich, eines Tages so stark zu sein, dass er ihm körperlich eins zurückgeben könnte. Dieser Junge behauptete immer, schuldlos zu sein, und seine Eltern glaubten ihm. Er konnte wie ein Engel sein und schob dann alles auf die anderen oder er stellte sich selbst als Opfer dar.

Eines Tages wurde Tim von diesem Jungen und zwei weiteren in eine Hecke geschmissen. Sein ein Jahr älterer Kumpel Stefan wollte ihm helfen. Aber die drei Jungen schauten den zur Hilfe Geeilten an und sagten „Hey, hau ab! Dein Gesicht haben wir uns jetzt gemerkt, du bist als Nächstes dran …“ Stefan war danach so eingeschüchtert, dass er nicht mehr in die Schule gehen wollte, und erst über Stefans Mutter erfuhr die Mutter von Tim, was da in der Schule so mit Tim läuft. Tim erzählte nie etwas davon – denn die Kinder wurden von den Älteren durch Androhung von Gewalt angehalten, nichts zu erzählen.

Geschichten dieser Art werden mir von Eltern immer wieder erzählt.

Ein älterer Mitschüler nimmt auf dem Pausenhof einem Fünftklässler den Ball weg und sagt ihm: „Du Pimpf! Pech, dass du nicht größer bist! Den Ball brauchst du jetzt nicht mehr."

Drei Jugendliche in der S-Bahn gehen auf einen kleinen Jungen los und sagen: „Wir schlagen dich, wenn du noch mal über unsere Klamotten lästerst."

Im Schulbus kommen zwei ältere Schüler auf einen kleineren Schüler zu und sagen ihm: „Mach den Sitz frei, sonst setzt's was!"

Bei dieser Art von Angriffen von Älteren gegenüber Jüngeren empfehle ich dir ausdrücklich *nicht*, dass du die vorhergehenden Strategien anwendest. Wenn ein Älterer dir gegenübersteht und sagt: „Gleich gibt's was auf die Fresse!" und du antwortest ihm „Wann musst du eigentlich wieder ins Heim zurück?", dann wirkt das zwar sehr schlagfertig. Aber du wirst ihn so weit provoziert haben, dass er tatsächlich zuschlagen will. Und das willst du wahrscheinlich vermeiden.

Aber ich empfehle dir trotzdem, dass du selbst in dieser Situation nicht Opfer bleibst, sondern dich wehrst. Eine Methode besteht darin, genau anzusprechen, was er gerade mit dir tut. Zusätzlich sprichst du deine eigenen Gefühle aus.

- Dein Gesicht haben wir uns jetzt gemerkt, du bist als Nächstes dran.
  - ➷ Wie würdest du dich fühlen, wenn ein Größerer dich ohne Grund so bedroht wie du mich? Bitte lass das!

Dies ist eine Standardantwort, die du in allen Situationen geben kannst, wenn man dir gegenüber eine Drohung ausspricht. Schau selber:

- Ich schlag dir gleich eine rein.
  - ➷ Wie würdest du dich fühlen, wenn ein Größerer dich ohne Grund so bedroht wie du mich? Bitte lass das!

- Willst du was auf die Fresse?
  - ➷ **Wie würdest du dich fühlen, wenn ein Größerer dich ohne Grund so bedroht wie du mich? Bitte lass das!**

- Wir schlagen dich, wenn du noch mal über unsere Klamotten lästerst.
  - ➷ **Wie würdest du dich fühlen, wenn ein Größerer dich ohne Grund so bedroht wie du mich? Bitte lass das!**

- Gleich gibt's was auf die Nase.
  - ➷ **Wie würdest du dich fühlen, wenn ein Größerer dich ohne Grund so bedroht wie du mich? Bitte lass das!**

Durch das Anfügen von „Bitte lass das!" gibst du ihm wieder die ganz klare Aufforderung, was er tun soll. Unterschätze das nicht. Das wird nicht beim ersten Mal gleich Früchte tragen, aber wenn du es immer und immer wieder sagst, dann wird er es eines Tages sein lassen.

Das ist wie bei einem Roulettekessel, bei dem immer die roten Zahlen gewinnen. Wenn du das „Bitte lass das!" weglässt, dann hast du einen Roulettekessel mit nur 30 Prozent roten Zahlen. Das heißt, wenn du den ersten Teil dieser Antwort ständig und immer wiederholst ohne das „Bitte lass das!", dann wirst du es von 100 Mal nur 30 Mal schaffen, den anderen dazu zu bringen, dass er dich irgendwann in Ruhe lässt. Wenn du aber ständig den Nachsatz „Bitte lass das!" anfügst, dann hat der Roulettekessel 45 Prozent rote Zahlen. Die Chance, dass du wirklich Erfolg hast, wird ganz einfach dadurch erhöht.

Hier gleich eine Abwandlung dieser Standardantwort, die du dann anwenden sollst, wenn der Rabauke dir irgendetwas weggenommen oder dich geschlagen hat, das heißt, wenn schon was *passiert* ist:

- Du Pimpf, Pech, dass du nicht größer bist! Den Ball brauchst du jetzt nicht mehr.
  ↳ **Wie würdest du dich fühlen, wenn ein Größerer dir einfach den Ball wegnimmt, so wie du mir? Bitte lass das!**

- Mach den Sitz frei, sonst setzt's was!
  ↳ **Wie würdest du dich fühlen, wenn ein Größerer dir einfach den Sitz wegnimmt, so wie du mir? Bitte lass das!**

- Schaut mal, jetzt flennt er auch noch, der Kleine!
  ↳ **Wie würdest du dich fühlen, wenn ein Größerer dich einfach ohne Grund verhaut, so wie du mich? Bitte lass das!**

Ich zeige dir jetzt noch ein paar andere Antwortmöglichkeiten, wie du auf körperliche Bedrohungen reagieren kannst. Ich kann dir nicht vorher sagen, wie es wirkt, du musst es einfach ausprobieren.

- Ich schlag dir gleich eine rein!
  ↳ **Warum verletzt du mich?**

- Willst du was auf die Fresse?
  ↳ **Warum verletzt du mich?**

- Wir schlagen dich, wenn du noch mal über unsere Klamotten lästerst.
  ↳ **Warum verletzt du mich?**

Bei der nächsten Standardantwort konfrontierst du ihn damit, dass er bei einem Stärkeren oder Älteren selbst nicht den Mut hätte. Ich habe in meinem Beispiel einmal einen 18-Jährigen genommen. Du nimmst einfach ein Alter, das zwei bis drei Jahre über seinem eigenen liegt.

- Ich schlag dir gleich eine rein.
  ➯ Wenn du dich das mal bei einem 18-Jährigen trauen würdest, dann hätt ich Achtung vor dir. Bitte lass das bei mir!

- Willst du was auf die Fresse?
  ➯ Wenn du dich das mal bei einem 18-Jährigen trauen würdest, dann hätt ich Achtung vor dir. Bitte lass das bei mir!

- Wir schlagen dich, wenn du noch mal über unsere Klamotten lästerst.
  ➯ Wenn du dich das mal bei einem 18-Jährigen trauen würdest, dann hätt ich Achtung vor dir. Bitte lass das bei mir!

Die folgende Standardantwort klingt vielleicht ein bisschen erwachsen, aber sie hat große Wirkung auch aus deinem Mund. Du musst sie dir allerdings sehr gut einprägen.

- Ich schlag dir gleich eine rein.
  ➯ Was hat dich so verletzt, dass du denkst, du musst mich verletzen, um es zu heilen? Bitte lass das bei mir!

- Willst du was auf die Fresse?
  ➯ Was hat dich so verletzt, dass du denkst, du musst mich verletzen, um es zu heilen? Bitte lass das bei mir!

- Wir schlagen dich, wenn du noch mal über unsere Klamotten lästerst.
  ➯ Was hat dich so verletzt, dass du denkst, du musst mich verletzen, um es zu heilen? Bitte lass das bei mir!

Hier noch eine Standardantwort, die du sagen kannst, wenn man dir etwas weggenommen hat.

- Ich hätte dir den Ball gegeben, du hättest mich nur zu fragen brauchen. Jetzt hab ich 'ne schlechte Meinung über dich.

Noch ein Vorschlag, was du prinzipiell sagen kannst:

- Eigentlich bist du ein netter Kerl, aber *das* Verhalten mag ich nicht! Bitte lass das bei mir!

Ich weiß, für all diese Antworten braucht es verdammt viel Mut. Du fühlst dich bedroht, du hast sogar Angst, dass du geschlagen wirst. Aber trotzdem hast du den Mut, etwas zu sagen. Dadurch wächst deine Achtung vor dir selber, und darum geht es letztendlich.

Ich empfehle dir, all meine Vorschläge auszuprobieren und zu schauen, welche davon dir am besten liegen. Es gibt keine Garantie, dass sie funktionieren. Du musst das leider durch Versuch und Irrtum herausbekommen. Du wirst ein paarmal auf die Schnauze fallen, aber das ist immer noch besser als mit deiner jetzigen Methode, mit der du jedes Mal – ohne Ausnahme – auf die Schnauze fällst.

Sprechen mit dem Rädelsführer

Meistens ist es so, dass es immer zwei oder mehr sind, die sich einen anderen als Opfer aussuchen. Denn in der Gruppe fühlt sich der Einzelne stark. Er will sich vor den anderen brüsten und Anerkennung als „starker Typ“ finden. Das hat dann meistens zur

Folge, dass sie auf die Jüngeren und Schwächeren losgehen, um Eindruck bei ihren Kumpels zu schinden. Wenn du es schaffst, den Anführer der Gruppe allein zu sprechen, dann bist du schon ein gutes Stück weiter. Denn solange er noch in der Gruppe ist und die anderen ihm zuschauen, muss er seine gewohnte Rolle für seine Kumpels spielen. Wenn er aber von der Gruppe isoliert ist, kann man plötzlich normal mit ihm reden.

Hier nun eine Strategie, wie du ihn zu einem Einzelgespräch bringen kannst: Du musst warten, bis du ihn einmal allein siehst. Vorher hast du ihm eine CD überspielt von der Musik, von der du weißt, dass er sie gern hört, oder ihm von seiner Lieblingsfußballmannschaft für das nächste Heimspiel ein Ticket besorgt oder ein Ticket für das nächste Konzert seiner Lieblingsgruppe. (Frag deine Eltern, die sollen das finanzieren.) Das Ganze hast du in Geschenkpapier eingepackt. Dann gehst du zu ihm. Dabei ist es gut, wenn du die beiden Arme, wie beim linken Foto auf der nächsten Seite, nach außen hältst, wie eine Art Jesus-Geste.

Mit offenen Händen auf jemanden zugehen

Mit verschlossenen Händen auf jemanden zugehen

Schau dir im Unterschied dazu an, wie es wirkt, wenn du die Arme verschlossen hältst (rechts Foto).
Mit offenen Armen zeigst du ihm, dass du offen bist, dass du nichts zu verbergen hast.

Jetzt sagst du zu ihm:

- Thomas, ich weiß, dass du viel stärker bist als ich. Du bist der Star in deiner Truppe und deswegen spreche ich dich an. Ich weiß, mit dir kann man reden. Ich hab hier ein Geschenk für dich und ich hoffe, dass es dir gefällt - da nimm! (Überreiche ihm das Geschenk.) Ich möchte dich um deine Hilfe bitten. Schau, ich kann mich nicht wehren und deswegen fühle ich mich immer schlecht, wenn ihr mich verhaut oder wenn ihr mir Sachen wegnehmt. Hast du eine Idee, was ich machen könnte, dass ihr das in Zukunft bleiben lasst?

Mit dieser Strategie hast du keine Garantie, dass es aufhören wird, aber zumindest eine Chance. Ich schätze sie 1/3 zu 2/3 ein. Das ist zwar die Minderzahl, aber das ist immer noch besser, als mit deiner bisherigen Strategie gar keine Chance zu haben. Die Strategie dahinter heißt: Du gibst ihm die Gelegenheit, *selbst* eine Idee zu entwickeln, anstatt etwas von ihm zu fordern. Du fragst: „Hast du eine Idee, was ich machen könnte, dass ihr das in Zukunft bleiben lasst?" Menschen tun viel bereitwilliger etwas, wenn man sie um ihre Mithilfe und Ideen bittet. Wenn man von ihnen etwas fordert oder verlangt, dann machen sie meistens die Tür zu.

Egal was er dir jetzt vorschlägt, es war *seine* Idee und er wird sich im Zweifel daran halten. Wie das Gespräch dann weiter verläuft, kann man nicht voraussagen. Aber bitte behalte eins im Auge: Mache ihm niemals Vorwürfe, dass er schlecht gehandelt hat, dass er ein Schläger ist, dass er deine Schwäche ausnutzt, dass er gemein ist ... usw. Das wird die Situation nur verschlechtern. Das weißt du aus eigener Erfahrung: Sobald deine Mutter dir Vorwürfe macht, dass du irgendetwas falsch machst, dann gehst du auf Widerstand – du hast einfach keine Lust, ihr nachzugeben. Und genauso geht es anderen, wenn DU ihnen Vorwürfe machst. Wenn du aber nur von *deinen* Gefühlen sprichst, die du hast, wenn sie auf dich losgehen („Ich fühle mich immer schlecht, wenn ihr mich verhaut ..."), dann hast du vermieden, ihm einen Vorwurf zu machen, und er hat keinen Grund, auf Widerstand zu gehen.

Indem du ihn als „Star" der Truppe bezeichnest, hast du sein Selbstbild bestätigt. Auch indem du ihm sagst, dass du weißt, dass er stärker ist als du, fühlt er sich in seiner Rolle anerkannt. Denn so will er sein! Wichtig bei dieser Vorgehensweise ist auch, dass du ihm das Geschenk *vorher* überreichst, bevor du ihn um seine Mithilfe bittest. Wie alles andere, was ich dir hier in diesem Buch beibringe, musst du auch dieses Gespräch vorher intensiv trainieren.

Wenn er versöhnlich reagiert, dann sieh zu, dass du ihn in Zukunft immer freundlich grüßt, denn er ist jetzt auf deiner Seite.

Falls er dir vorschlägt, dass du ihm öfter Geschenke machen sollst oder Geld geben sollst, dann schaust du ihm gerade in die Augen und sagst mit bestimmter Stimme: „Nein, das tu ich nicht! Aber welche Idee gibt es noch?"

Jetzt zeige ich dir noch eine zweite Möglichkeit, wie du ihn eventuell um den Finger wickeln kannst. Das Gespräch geht bis zur Geschenküberreichung haargenau gleich, aber dann bekommt es eine andere Richtung. Schau dir's an:

↳ Thomas, ich weiß, dass du viel stärker bist als ich. Du bist der Star in deiner Truppe und deswegen spreche ich dich an. Ich weiß, mit dir kann man reden. Ich hab hier ein Geschenk für dich und ich hoffe, dass es dir gefällt – da nimm! (Überreiche ihm das Geschenk.) Ich möchte dich um deine Hilfe bitten: Da ist so ein großer starker Typ aus der Nachbarklasse, der will mich immer verhauen. Ich will dich fragen, ob du mein Beschützer sein kannst. Wenn er mich das nächste Mal bedroht, will ich ihm sagen: „Ich warne dich, wenn du so weitermachst, kriegst du es mit Thomas zu tun!" Meinst du, das wäre möglich?

Diese Bedrohung aus der Nachbarklasse gibt es gar nicht, die hast du nur konstruiert. Such dir einfach irgendeinen aus der Schule aus, der gefährlich aussieht. Der Rädelsführer fühlt sich in seiner selbst gewählten Rolle geschmeichelt, wenn ihn andere als so stark einschätzen, dass man mit ihm als strafende Hand rechnen muss. Mit dieser Strategie hast du ihn von einer Bedrohung zu einem Beschützer gemacht.

Die Trillerpfeife

Nimm eine Trillerpfeife mit in die Schule. Du glaubst gar nicht, was Lärm für eine faszinierende Wirkung auf Menschen hat. Wenn die Truppe wieder auf dich zukommt und sie wollen dir etwas wegnehmen oder dich schlagen, dann nimmst du deine Trillerpfeife raus und bläst hinein, was die Lunge hergibt. Du wirst sehen, das hat eine wunderbare Wirkung. Die Älteren wollen nicht, dass sie für alle sichtbar im Mittelpunkt stehen und jeder sieht, dass sie auf Wehrlose eingeschlagen. Du machst sie hilflos und sie wissen nicht, was sie jetzt machen sollen. Deswegen werden sie es im Zweifel sein lassen. Wenn du das zwei- oder dreimal gemacht hast, lassen sie die Finger von dir.

Die Jesus-Methode

In der Bibel steht irgendwo geschrieben: „Wenn dich einer auf die rechte Backe schlägt, halte ihm auch die linke hin!" Ansonsten hab ich zwar für mich nicht viel Kluges in dieser Bibel gefunden, aber *das* kannst du benutzen. Das heißt im Klartext: Halt einfach hin, lass dich verprügeln und wehr dich nicht. Deine große Chance besteht aber im Kommentar, den du *danach* sagen kannst:

- Wer Schwächere schlägt, der ist immer der Schwächste in der Gruppe!

Sag das immer wieder, immer wieder, immer wieder … damit kommt er in eine Zwickmühle, wenn er dich weiter schlägt. Er gerät in eine Rolle, in der er nicht sein will. Er will der Star, der Führer, der Held sein – aber auf keinen Fall der Schwächste in der Gruppe. Das ist er aber plötzlich, wenn er dich weiter schlägt. Weil ihm aber seine Rolle wichtiger ist, als dich zu verprügeln, wird er es auf lange Sicht sein lassen.

Kurzzusammenfassung

Wichtig ist, dass du da draußen in den echten Situationen wirklich schnell bist. Auch dann, wenn du dich getroffen fühlst und wenn du im Stress bist. Dazu ist es dringend notwendig, dass du die Antworten und die Strategien, die dir gefallen, schon fast im Schlaf kannst. Es nützt dir nichts, sie nur ein- oder zweimal gelesen zu haben. Du musst dich auf wenige Strategien und wenige Standards reduzieren. Sonst suchst du zu lange in deinem Hirn, und dann ist die Situation schon vorbei.

Ich habe dir in diesem Buch eine Unzahl von Strategien, Techniken und Standardantworten vorgestellt. Es ist unmöglich, sich die alle einzuprägen. Du sollst dich auf die wenigen konzentrieren, die du für brauchbar hältst und die zu dir passen. Unterstreiche deshalb mit einem Stift die Antworten und die Strategien, die du für dich lernen willst, und übertrage sie in ein Heft (oder in eine Computerdatei). Es ist so, dass deine Eltern dir wahrscheinlich etwas anderes vorschlagen, was du dir einprägen sollst, als du selber für richtig hältst. Du sollst aber immer nur auf *dich* hören. Denn dein Bauch sagt dir immer, was für dich richtig ist. Egal, was alle anderen sagen.

Nachfolgend noch einmal zusammenfassend vier Ultra-Standards, die ich dir vorschlage und mit denen du in sieben von zehn Fällen aus dem Schneider bist. Bitte trainiere sie immer und immer wieder. Tag für Tag, Woche für Woche, Monat für Monat, am besten mit jemandem, der dich wirklich angreift. Denn du musst viel, viel, viel Übung haben, um die Antworten auch unter Stress wirklich rauslassen zu können.

Jemand beleidigt irgendein Körperteil oder ein Objekt von dir:

Dann hast du den Standard: „Dann passt es/sie ja wunderbar zu deinem Gesicht.“

- Deine Kappe ist so hässlich.
  ↳ Dann passt sie ja wunderbar zu deinem Gesicht.

- Hast du das T-Shirt neu? Weil es nämlich etwas komisch aussieht.
  ↳ Dann passt es ja wunderbar zu deinem Gesicht.

- Das Auto von deinen Eltern ist ’ne Schrottkarre.
  ↳ Dann passt sie ja wunderbar zu deinem Gesicht.

Jemand beleidigt eine Eigenart, eine Schwäche oder einen Charakterzug von dir:

Dann hast du den Standard: „Dann fall ich ja in deiner Umgebung nicht weiter auf.“

- Du stinkst aus dem Mund!
  ↳ Dann fall ich ja in deiner Umgebung nicht weiter auf.

- Du Arschloch!
  ↳ Dann fall ich ja in deiner Umgebung nicht weiter auf.

- Mein Gott, bist du doof!
  ↳ Dann fall ich ja in deiner Umgebung nicht weiter auf.

Jemand spricht etwas Negatives von dir an. Du willst ihm zeigen, dass es dich kaltlässt:

Dann hast du den Standard: „Hey, Mann, Glückwunsch! Du bist der Erste, der das korrekt erkannt hat.“

- Du hast ja schon wieder ’ne Sechs!
  ➭ Hey Mann, Glückwunsch! Du bist der Erste, der das korrekt erkannt hat.

- Dein Hemd hat ein Loch.
  ➭ Hey, Mann, Glückwunsch! Du bist der Erste, der das korrekt erkannt hat.

- Du kannst nicht mal Fußball spielen.
  ➭ Hey, Mann, Glückwunsch! Du bist der Erste, der das korrekt erkannt hat.

- Du fette Sau!
  ➭ Hey, Mann, Glückwunsch! Du bist der Erste, der das korrekt erkannt hat.

Jemand spricht etwas Negatives von dir an. Du zeigst ihm, dass du drüber lachen kannst:

Dann hast du den Standard: „Du hättest mich/ihn/sie mal gestern sehen sollen.“

- Deine Zahnspange sieht scheiße aus.
  ➭ Du hättest sie mal gestern sehen sollen.

- Pass doch auf! Schau mal, wo du hintrampelst.
  ↳ Du hättest mich mal gestern sehen sollen.

- Du hast einen fahren lassen.
  ↳ Du hättest mich mal gestern sehen sollen.

Übung: Geh bitte alle Angriffe im Kapitel „Sammlung von Angriffen“ auf den folgenden Seiten durch und versuche, nur mit einer der vier Möglichkeiten zu antworten.

Sammlung von Angriffen

Ohne Training, ohne Übung, ohne Proben kommst du nicht weiter. Nur das Buch zu lesen wird dir nicht helfen, wenn du da draußen in den echten Situationen eine Verbesserung erleben willst. Was du tun sollst, ist Folgendes: Du schreibst dir die 20 Angriffe auf, die du am häufigsten hörst. Dann schreibst du dir die Antworten raus, die du darauf sagen willst. Bitte probiere diese Antworten immer selbst aus, ob sie auch frei gesprochen genauso gut wirken wie gelesen. Wenn du Zweifel hast, ob diese oder jene Antwort wohl bessere Wirkung hat, dann machst du die Zwei-Versionen-Methode, mit der du das sofort herausbekommst: Du probierst die eine Version aus und lässt deinen Bauch entscheiden, wie es wirkt, und direkt dahinter probierst du die zweite Version aus und lässt wieder deinen Bauch entscheiden, wie es wirkt. Und so bekommst du sofort *die* Version, die die höchste Wirkung hat, als Ergebnis.

Dann nimmst du deine beste Freundin, besten Freund und dann trainiert ihr diese Antworten richtig. Jeden Tag. Tag für Tag, Woche für Woche, Monat für Monat. Das ist wie Englischvokabeln büffeln. Aber diese „Vokabeln“ kannst du im echten Leben wirklich gebrauchen. Das machst du so lange, dass dich jemand nachts um drei wecken kann und dir einen Angriff entgegenknallt, auf den du im Halbschlaf die Antwort ausspuckst.

Im Bus auf der Fahrt in die Schule holst du ein Heft raus. Jeder wird denken, du lernst irgendwas für den Unterricht, aber in Wahrheit lernst du deine Antworten, deine Strategien, deine Körpersprache. So präparierst du dich für den Schulalltag. Und du wirst sehen, irgendwann denkst du: „Hoffentlich greift mich bald mal wieder jemand an.“

Hier in diesem Buch wurden Antworten auf viele Angriffe aufgelistet. Vielleicht war der Angriff, den du immer wieder hören musst, nicht darunter. Jetzt gehst du diesen dir bekannten Angriff mit allen hier im Buch vorgestellten Techniken durch und schaust, wie eine Antwort mit dieser und jener Technik klingen könnte. Und dann prägst du dir die Antwort ein, die dir am besten gefallen hat.

Die folgenden Angriffe sind mir alle von Schülern zugeschickt worden. Das ist die Möglichkeit für dich, Antworten zu trainieren.

- Du solltest auf die Sonderschule gehen!
- Hallo, du Schlampe!
- Du bist dumm!
- Du hast einen fetten Arsch!
- Du bist ganz schön behindert!
- Du machst sowieso immer blau!
- Ihr nehmt ja Drogen!
- Du blöde Kuh!
- Du bist voll behindert!
- Hey, du hast ja keine Unterwäsche an!
- Du hast ja einen Silikonarsch!
- Du hast ja Silikontitten!
- Du bist ein Pickelgesicht!
- Du bist ein Pickelfresser!
- Du fickst ja mit jedem!
- Du Arschficker!
- Du bist schwul!
- Du bist zu dick!
- Du bist viel zu fett!
- Blonde kapieren nicht so schnell!
- Du hässliches Scheißkind, was willst du eigentlich?
- Bist ein ganz ein harter Alter: Brauchst du Fotzen oder was?

- Deine Kappe ist so hässlich!
- Schaut mal, die ist aber besonders hübsch da vorne (einem schönen Mädchen nachgerufen).
- Hast du das T-Shirt neu? Das sieht nämlich etwas komisch aus.
- Pass doch auf! Schau mal, wo du hintrampelst.
- Motherfucker!
- (Beim Fußballspiel) Triff mal den Ball!
- Du kannst nicht mal Fußball spielen.
- Hey du Streber, du hast ja sowieso wieder 'ne Eins oder Zwei.
- Du kleines gefickte Arschloch, halt deine Fuck-Fresse.
- Ihr kleinen Wichskinder, was wollt ihr eigentlich?
- Du musst ins Bordell, du Nutte!
- Du bist viel zu dick.
- Du fette Sau!
- Schlampe!
- Fuck you!
- Du Fettwanst, nimm den Ball mal richtig an!
- Nutte!
- Hure!
- Fotze!
- Halt jetzt die Klappe, du dicker Fettwanst, du brauchst nicht immer so aufzumucken!
- (Von einem Türken) Du Juden-Nazi!
- Du Hurensohn!
- (In Abwesenheit wird über eine Neue in der Klasse geredet) Die ist voll ein Arschloch. Wir Armen.
- (Zu jemanden mit Gehfehler) Du Missgeburt!
- Halt die Klappe!
- (Zu Kleineren) Heb das auf, ich bin zu faul!
- Du bist so ätzend!
- (Zu Kleineren) Bring das weg!

- Du kannst das nicht!
- Halts Maul und fick dich!
- Du bist sooo schlecht!
- Du kannst einfach gar nichts!
- Du bist so hohl im Kopf, am liebsten würd ich nicht mehr zu dir kommen.
- Schwule Sau!
- Bei deinem Namen lass dich am besten umtaufen. (Schrodnotz)
- Hallo, du Schokoladenkind!
- Deine Zahnspange ist hässlich.
- Das Drahtgestell in deinem Mund ist scheiße.
- Fetter Burger-Wichser.
- Keiner mag dich!
- Fick dich selbst!
- Du bist ganz schön behindert.
- Mongo! (für mongoloid)
- Du bist ja eine fette Tonne.
- (Zu einem farbigen Algerier) Du schaust aus wie Scheiße.
- (Zu einem farbigen Algerier) Du Neger!
- Deine Schultasche ist bei Aldi gekauft.
- Du langer Lulatsch!
- Du Knirps!
- Du stinkst!
- Dein Hemd hat ein Loch.
- Sag mal, putzt du dir ab und zu auch mal die Zähne?
- Du bist ja gar nicht von deinen Eltern, du bist ja nur adoptiert!
- Brillenschlange!
- Du bist zu klein, um das zu machen.
- Mädchen können so was nicht!
- Dein Dialekt klingt schrecklich!

- Du bist ein Vollidiot.
- Du Fettbauch!
- Du Depp!
- Du bringst nichts.
- Du bist der Dümmste überhaupt.

In meiner Website *www.schlagfertigkeit.com* findest du unter dem Stichwort „Antwortbibliothek" eine große Sammlung von Angriffen und den knackigsten Antworten dazu. Unter anderem alle hier gesammelten Angriffe aus dem Schulalltag. Klick rein, wenn du eine Antwort suchst.

Geschichten von Eltern

Bei der Recherche für dieses Buch habe ich viele E-Mails von Eltern bekommen, die mir die Situation ihrer Kinder beschrieben haben. Ich habe dir hier eine Auswahl von E-Mails zusammengestellt, die dir vielleicht helfen, inspiriert zu werden. Teilweise habe ich meine Antworten mit dazugeschrieben.

> *Meine Tochter (11) hatte einen Schulwechsel in die weiterführende Schule. Immer wenn meine Tochter mit einer neuen Freundin auf dem Pausenhof stand oder in der Bahn saß, sagten zwei gleichaltrige Mädchen zur neuen Freundin meiner Tochter und zeigten auf meine Tochter: „Igitt, das ist deine neue Freundin, da tust du mir aber leid. Oh du Arme."*

Matthias Pöhm:
Ihre Tochter könnte sagen:

- Kennst du meinen Großvater? → Nein → Erstaunlich, du wiederholst nämlich ständig seine alten Sprüche.
- Wo ist er denn? → Wer? → Je der, den das interessiert.
- Seit wann führst du Selbstgespräche?
- Dich haben Sie bei der Geburt dreimal hochgeworfen, (Pause) aber nur zweimal aufgefangen.
- (Zum andern Mädchen, dem neben der Angreiferin) Sag mal, machst du gerade eine Therapie mit ihr?
- (Zum andern Mädchen, dem neben der Angreiferin) Zahlt dir ihre Mutter was, dass du dich neben sie setzt?
- Da fall ich ja in deiner Umgebung nicht weiter auf.

- Du musst ja am besten wissen wie's ist, wenn jemand nur Mitleid mit dir hat.
- Sagst du das immer, wenn du in den Spiegel schaust?

Mein Sohn, damals 10 Jahre, kam aus der Schule nach Hause und beschwerte sich, dass ihn die Lehrerin ermahnt hatte, sein Benehmen gegenüber den Mädchen zu ändern. Daraufhin erzählte er mir die Begebenheit. Er verließ die Schule, ging zu seinem Fahrrad und setzte seinen Fahrradhelm auf. (Was ja durchaus löblich ist.) Ein Mädchen aus seiner Klasse fing daraufhin an, ihn wegen des Fahrradhelms zu hänseln. „Benjamin muss noch einen Helm aufsetzen!" Daraufhin mein Sohn: „Na, ich hab da oben wenigstens was zu schützen."

Meine Tochter (11) ist leicht übergewichtig und wurde häufiger von Klassenkameraden deswegen gehänselt. Hier ein kleiner Schlagabtausch unter „Schulfreunden": Freund: „Du bist ja eine fette Tonne!" Meine Tochter: „Na, und?! Ich mach jetzt 'ne Diät und werde dünn! Aber du bleibst immer so blöd!"

Meine Tochter Marika ist 13. Sie wechselte die Schule und kam in eine neue Klasse: Da gab es in dieser neuen Klasse eine, die die schnellste Läuferin war. Meine Tochter war aber ebenfalls eine sehr gute Läuferin und lief ohne Mühe viel schneller als die bisherige Beste in der Klasse. Das war ein großer Schock für die Klasse, Marika wurde deswegen gemieden. Erst als sie bemerkt haben, dass Marika sich nichts drauf einbildet, wurde sie akzeptiert.

Ich habe eine 8-jährige Tochter (zum Glück sehr selbstbewusst) und einen eher schüchternen 11-jährigen Sohn, der Schlagfertigkeit noch lernen muss. Bei Mädchen vollziehen sich die Angriffe eher leise und unauffällig. Das Mobbing unter Mädchen besteht häufig aus „Nichtbeachten und wie Luft behandeln". Was kann man da machen?

Matthias Pöhm:
Die Lösung besteht wie immer darin, hinzugehen und die Situation klar anzusprechen. Ich würde ihrer Tochter empfehlen, zu dem Mädchen zu sagen: „Weißt du, ich mag dich trotzdem, auch wenn du mich nicht beachtest." Jeder, der einen anderen durch Nichtbeachtung straft, will nichts anderes, als selbst beachtet und geliebt werden.

Bei Jungen ist auch immer eine gewalttätige Komponente mit dabei. In der Klasse meines Sohnes wird momentan jemand gemobbt, weil er fett ist. Fast die ganze Klasse macht ständig hinter seinem Rücken blöde Bemerkungen.

Matthias Pöhm:
Die Lösung besteht wie immer darin, hinzugehen und die Situation klar anzusprechen. Der Junge soll zu denjenigen hingehen, von denen er weiß, dass sie hinter seinem Rücken diese Bemerkungen machen, und sagen: „Du machst dich hinter meinem Rücken lustig über mich. Warum bist du zu feige, es zu tun, wenn ich dir gegenüberstehe? Bitte lass das!"

Mein Sohn (11) hat ab und zu Probleme mit so einem „Obercoolen", der ihn auch körperlich attackiert. Das bisher Schlimmste war in der 4. Klasse, als mein Sohn mit diesem „Obercoolen“ und zwei anderen bei einer Klassenfahrt in einem Zimmer war. Der andere schaffte es, die zwei restlichen Zimmergenossen auf seine Seite zu ziehen. Beim Frühstück ließ er absichtlich ein Glas herunterfallen und behauptete dann, mein Sohn wäre es gewesen. Der stritt es zwar ab, aber die anderen zwei bezeugten die Aussage des Obercoolen. So wurde mein Sohn bestraft. Ich weiß nicht, wie man solche Sachen unterbinden kann.

Matthias Pöhm:
Die Lösung besteht wie immer darin, hinzugehen und die Situation klar anzusprechen. Er soll zum Obercoolen hingehen, wenn der allein ist, und sagen: „Wie würdest du dich fühlen, wenn du wegen einem Größeren einfach für etwas bestraft wirst, was du nicht getan hast? Das ist nicht lustig. Bitte lass das!“

Ein sechsjähriges Mädchen zu ihrer Freundin: „Du darfst mit Hannah nur noch zweimal die Woche spielen, sonst bist du nicht mehr meine Freundin.“

Matthias Pöhm:
Das Mädchen könnte antworten:

- Du bleibst auch meine Freundin, selbst wenn ich mit Hannah spiele. Ich mag dich nämlich!

Zweite Möglichkeit:

- Ja, dann ist das eben so! Das macht mir nichts aus!

Mein Sohn Philipp, 6, war sehr gekränkt durch die Aussage einer Schulkollegin: „Ich mag dich nicht, weil du Sommersprossen und eine Brille hast."

Matthias Pöhm:
Philipp könnte antworten:

↳ Ich mag dich, auch wenn du mal 'ne Brille tragen musst wie ich!

Meine Tochter (14) gewinnt auf dem Abschlussball der 9. Klasse die heiß begehrte Krone. Sie ist für eine Nacht die Schulkönigin. Überglücklich wird ihr von anderen Mädchen gratuliert. Eine Konkurrentin gratuliert mit den Worten: „Tja, bei dieser Wahl wird nicht die Schönste gewählt, sondern die Beliebteste."

Matthias Pöhm:
Ihre Tochter könnte antworten:

↳ Deswegen hast DU sie nicht gewonnen.

Mein Kollege berichtete von seiner Tochter Christine (12 Jahre, eher „rustikaler" Typ, Pferde- und Naturnärrin und gänzlich mode-unbewusst), dass sehr gestylte Klassenkameradinnen am Valentinstag an die ihrer Meinung nach „nicht vermittelbaren" Klassenkameradinnen vordergründig freundlich Rosen verteilten (versteckt: weil du ja sonst von niemanden was geschenkt bekommen würdest, so blöde, wie du aussiehst). Wenn eines der beschenkten Mädchen sich ehrlich freute, haben die gestylten „Damen" sich mächtig gefreut und gelästert. Christine jedoch hatte den

Hintergrund dieser hehren Geste verstanden und gesagt: „Bleib doch auf deiner ollen Rose sitzen!“

Meine Tochter ist 12 Jahre alt. Vor einem Jahr zogen wir von Hamburg in das Saarland. Meine Tochter wird oft wegen ihres Vornamen Tabea geärgert. Die Kinder nennen sie „Tabete“, was meine Tochter sehr kränkt.

Matthias Pöhm:
Ihre Tochter soll ständig die anderen im seriösen Tonfall korrigieren, wenn diese sie wieder „Tabete“ nennen. „Nein, ich heiße *Tabea*! Bitte nenn mich so, das andere verletzt mich.“ Sie wird keine Verhaltensänderung nach dem ersten Mal erleben. Hartnäckigkeit zahlt sich hier aber aus. Nach dem zehnten oder zwanzigsten Mal wird es eine Verbesserung geben.

Außerdem wird sie oft als „Hamburger“ (im Sinne von der Fastfood-Nahrung) geärgert..

Matthias Pöhm:
Ihre Tochter könnte antworten:

- Lieber Hamburger als Saarländer Würstchen.

Mein Julian ist 6 Jahre alt, hat eine Handfehlbildung links (ihm fehlen Zeige-, Mittel- und Ringfinger). Oft wird er angesprochen: „Was hast du denn für eine Hand?“ Noch schlimmer: „Was hast du für eine hässliche Hand?“ Ich muss sagen, es tut schon sehr weh. Er sagt: „So bin ich geboren und mit meinen zwei Fingern kann ich dir die Nase abzwicken.“ Vielleicht können Sie uns irgendeinen Tipp geben?!

Matthias Pöhm:
Ihr Sohn könnte antworten:

- Was hast du für eine hässliche Hand?
  - ➷ Dann passt die ja wunderbar zu deinem Gesicht!

- Was hast du denn für eine Hand? (Oder) Was hast du für eine hässliche Hand?
  - ➷ Mir hat die Natur wenig Finger gegeben. Dir wenig Hirn!
  - ➷ Die haben jetzt rausgefunden: Je mehr Finger du hast, umso doofer bist du.
  - ➷ Da muss ich mir wenigstens nicht mehr so oft die Fingernägel putzen.
  - ➷ Mir fehlt der Ringfinger, da muss ich wenigstens nicht heiraten.
  - ➷ Mir haben sie vor der Geburt gesagt, der hat mal an jedem Finger ein Mädchen. Mehr als zwei verkrafte ich nicht!
  - ➷ Das hab ich schon zu oft gehört, lass dir mal was Neues einfallen.
  - ➷ Pass auf, ich hab insgesamt 7 Finger. Wie viel hätt ich, wenn noch 5 dazu kämen? → Ja 12! → Na siehst du! Denk mal drüber nach! (Und dann einfach weggehen)
  - ➷ Die Natur hat erkannt, dass ich ein Siegertyp bin, und hat mir das Siegeszeichen (Victory-Zeichen) gleich mitgegeben!
  - ➷ Mir haben sie vor meiner Geburt gesagt: Wenn ich dir begegne, dann kann ich deine Intelligenz an den Fingern einer Hand abzählen.

Es gibt keine Wahrheit

Lieber Junge, liebes Mädchen. Dieses Kapitel ist nur für dich geschrieben. Deine Eltern und deine Lehrer werden wahrscheinlich nicht unbedingt einer Meinung mit mir sein. Bilde dir einfach selbst ein Urteil.

Ich will dich ermuntern, immer alles infrage zu stellen, was man dir beibringt. Ich habe lange Jahre gebraucht, um darauf zu kommen. Mir hat man als Kind immer gesagt, dass es nicht gut ist, sich selbst zu befriedigen. Man hat mir gesagt, es ist nicht gut, Hefte mit nackten Frauen anzuschauen. Man hat mir gesagt, wer stiehlt, kommt in die Hölle. Mir hat man als Student immer gesagt, ich muss in jede Vorlesung gehen, wenn ich mein Studium bestehen will ... Mir hat man als Schüler immer gesagt, wer jetzt eine Woche vor der Prüfung zu lernen beginnt, für den ist es zu spät ... Ich musste selbst lernen, auf mich zu hören. Es war alles nicht wahr! Egal welche Regel von euren Eltern, von deinen Verwandten, von eurem Lehrer, von der Kirche, von deiner Clique oder wem auch immer kommt, fragt euch immer: „Stimmt das wirklich?" Viele sagen euch: Das und jenes ist schlecht, das und jenes ist gut. Schaut immer nur das Ergebnis an: Ist es wirklich schlecht, ist es wirklich gut? Muss ich so sein, wie alle anderen, muss ich etwas nur tun, weil es bisher alle immer so gemacht haben?

Wenn du deine Schule mit einem guten Abschluss bestehen willst, dann ist das zum Beispiel dein Ziel. Wenn dir dann jemand sagt: Um dieses Ziel zu erreichen, musst du jeden Tag regelmäßig drei Stunden den Unterricht nacharbeiten. Dann erkenne, dass das aber nur eine *Meinung* ist, dies sei der richtige Weg. Wenn du dasselbe Ergebnis mit einer anderen Vorgehensweise erreichst, dann ist seine Regel hinfällig. Das musst du selbst entscheiden. Und so ist es mit allem im Leben. Die Regel, auf die du selber kommst, ist immer mehr wert als die Regel, die dir irgendein anderer vorgibt. Klebe aber auch nicht verbissen an deinen Regeln. Teste es einfach aus und schau, wobei das bessere Ergebnis herauskommt. Wenn der andere mit seiner Regel mehr Erfolg hat, dann nimm seine, wenn du mit deiner mehr Erfolg hast, dann nimm deine. So einfach ist das. Es gibt keine richtige und keine falsche regel. Es gibt nur Regeln, die für dich mehr oder weniger Erfolg bringen.

Frage dich immer nur: Schade ich irgendjemandem, wenn ich das oder jenes mache? Wenn du ein Junge bist und du hast noch kein Mädchen gehabt, und du denkst heimlich daran, zu einer Nutte zu gehen. Dann ist das nicht „schlecht", nur weil dir das jemand so erklärt. Wenn du selber nichts Böses erkennst an deinem Tun, dann darfst du es tun, egal, was dir andere versuchen einzureden.

Wenn du ein Junge bist und du magst lieber Jungen anstatt Mädchen, dann ist das nicht „schlecht", nur weil dir das jemand so erklärt. Ignoriere einfach, was dir andere versuchen einzureden. Wenn du ein Mädchen bist und du magst lieber Mädchen anstatt Jungen, dann ist das nicht „schlecht", nur weil dir das jemand so erklärt. Ignoriere einfach, was dir andere versuchen einzureden.

Jedes Mal, wenn jemand zu dir sagt: „Man tut das nicht ...", dann sei sicher, er selbst hat das auch nur übernommen und er selbst wurde in seinem Leben nicht glücklich mit dieser Regel. Überleg immer: Stört es jemanden, wenn ich das tue, außer diejenigen, die die Regeln aufgestellt haben. Wenn nein, dann ist es ok. Du bist und bleibst ein wertvoller, edler Mensch, der immer liebenswert bleibt, egal was du tust oder getan hast. Du darfst, du musst dich immer selber lieben, genau so, wie du bist. Du brauchst an dir nichts zu ändern, um dich lieben zu dürfen.

Wenn du beichten sollst in der Kirche, und du schaust auf die Liste, was man dir da alles als „Sünde" vorschreiben will, denk immer selbst nach: Finde ich wirklich, dass das eine Sünde ist, oder will man mir das nur einreden?

Ich will dir schon früh zeigen, dass du immer selbst überlegen sollst, ob eine Regel für dich gut oder nicht gut ist. Egal, welche große scheinbare Autorität diese Regel aufgestellt hat. Glaube niemandem, der dir sagt: „Ich habe schon für dich nachgedacht" oder „Jemand anderes hat schon für dich nachgedacht" oder „Ich weiß, was für dich gut ist" oder „Wir wissen, was du im späteren Leben brauchst" ... das sind alles nur Sprüche.

Man macht dir Vorschriften: „Du sollst das tun ..." „Du sollst das lassen ..." „Das gehört sich nicht ..."

Bedenke aber immer, dass das gut gemeinte Regeln sind, um das Zusammenleben zwischen den Menschen angenehmer zu machen und eine bessere Welt zu schaffen. Es geht aber nicht um die Regel, sondern immer um das Ergebnis: zum Beispiel „um eine bessere Welt". Und wenn dir jemand sagt: „Diese Regeln haben aber schon Jahrhunderte Bestand, so schlecht können sie ja gar nicht sein." Dann sag ihm: „Das Ergebnis, das ich beobachte, ist leider, dass in der Welt nach diesen alten Regeln immer noch Krieg und Hunger herrscht. So gut können die Regeln also nicht sein." Und wenn deine Idee, dein Weg ein anderer ist, als alle anderen um dich herum sagen, dann ist dein Weg immer der bessere! Auch wenn es anscheinend niemanden gibt, der so denkt wie du, du hast trotzdem recht.

Ich habe für mich erkannt: Je älter die Regel ist, die man mir als immer gültig verkaufen wollte, umso höher war die Chance, dass sie für mich nicht mehr brauchbar war. Das trifft besonders häufig für die Regeln der Religionen zu.

Hol dir ruhig Inspirationen aus Büchern, aber denke auch immer selber nach. Prüfe jede Regel: Stimmt das auch für mich? Gilt das wirklich? Macht das Sinn? Je nachdem, zu welchem Schluss DU kommst, so entscheide dich. Ob du dafür oder dagegen bist: Deine eigene Entscheidung ist für dich immer viel wertvoller als die Entscheidung der Eltern, der Lehrer, der Gesellschaft, deiner

Clique, der Religion oder von sonst wem. Auch wenn du dich gegen alle Traditionen und Gepflogenheiten entscheidest.

Ich habe das lernen müssen. Ich habe während des zweiten Teils meines Studiums keine einzige Vorlesung mehr besucht und alle haben mir gesagt, dass ich damit garantiert scheitern werde ... Sie hatten nicht recht behalten, ich habe meine Prüfungen alle bestanden.

Ich war in einem buddhistischen Kurs „Sterben". Sie haben mir gesagt, ich soll vor dem Kurs 100.000 Mantras aufsagen, sonst würde ich kein Effekt merken. Ein Mantra ist ein Text, den man immer und immer wieder im Schnelltempo wiederholt. Ich hab nach den ersten 200 aufgehört, weil mir's einfach zu langweilig war. Ich sagte mir: Vielleicht braucht man die Mantras gar nicht, um in den Kurs zu gehen. Vielleicht hat's nur noch nie jemand ohne ausprobiert. Und am Ende hatte ich genau dasselbe Ergebnis wie alle anderen mit ihren 100.000 Mantras.

Probiere immer alles selbst aus und schaue, ob es für dich stimmt. Ob du das Ergebnis bekommst, was du haben willst. Nicht die Regel ist es, die du einhalten sollst, sondern es geht um das Ergebnis, das man mit der Regel erreichen will. Wenn das Ergebnis durch *deine* Methode genauso erreicht wird, ist die alte Regel egal. Das sagt dir keiner, aber so ist es.

Wenn dir deine Eltern sagen: Dieses oder jenes ist schlecht oder dieser oder jener Mensch ist „böse", dann glaub nicht immer alles. Es gibt nichts wirklich Schlechtes und Böses auf dieser Welt. Jeder, der etwas tut, tut es mit guten Absichten oder aus einer Verzweiflung heraus. Wie auch du, will er im Grunde nur anerkannt und geliebt werden. Das gilt für einzelne Menschen, das gilt auch für Gruppen von Menschen wie Staaten und Nationalitäten.

Deine Eltern und die Erwachsenen sagen dir, dass du „erwachsen" werden sollst und dass man ab einem gewissen Alter gewisse Dinge nicht mehr tut.

Weißt du, es gibt im Grunde gar keine Erwachsenen. Du bist jetzt ein Kind oder vielleicht ein Jugendlicher. Irgendwann fängst auch du an „erwachsen“ zu *spielen*. Das läuft ganz unbewusst ab. Du schaust, wie man spricht, wie man sich bewegt, was man gut und schlecht findet, wie man plötzlich „vernünftig“ handelt ... wenn man „erwachsen“ ist. Und dann ahmst du das unbewusst nach. Kind sein, unbeschwert sein, spontan Blödsinn machen, keine Sorgen haben, sinnlos lachen, sich nicht kümmern, was andere von einem denken ... das ist der Normalzustand. Den sollst du niemals verlieren. Wenn ein Erwachsener zu einem anderen Erwachsenen sagt: „Verhalte dich nicht so kindisch!“ Dann ist das eigentlich ein Kompliment. Es ist nämlich nicht so, dass die Erwachsenen manchmal Kinder spielen, nein, wir Erwachsenen sind ALLE Kinder, wir *spielen* nur permanent erwachsen. Und das macht uns unzufrieden!

Wenn ich mir heute in meinem Alter selber noch einmal als Heranwachsendem begegnen würde und mir selber einen Ratschlag geben könnte, dann wäre das folgender:

„Scher dich niemals darum, was andere jetzt von dir denken könnten. Folge immer deinem Impuls! Und wenn etwas schiefgelaufen ist, du einen Fehler gemacht hast oder du dich blamiert hast, dann verbanne den Gedanken daran sofort aus deinem Kopf. Es war völlig unwichtig – du brauchst dich keine Sekunde lang deswegen zu verurteilen. Du bist und bleibst der liebenswerteste Mensch auf dieser Welt.“ Und diesen Ratschlag will ich auch dir mitgeben!

Wehr dich, bleib dir treu, achte andere Menschen. Sie sind nämlich nicht anders als du!

Matthias Pöhm

Abschluss

Ich gebe Seminare zum Thema Schlagfertigkeit. Das sind im Moment nur Seminare für Erwachsene. Wenn du willst und deine Eltern daran interessiert sind, dich in ein Seminar speziell für Kinder zu schicken, dann sollen sie bitte eine E-Mail schicken an: Kinderschlagfertigkeit@poehm.com, mit dem Text „Interesse am Schlagfertigkeitsseminar für Kinder“ im Betrefffeld.

Im Hauptfeld sollen sie schreiben: „Ja, ich interessierte mich für ein Schlagfertigkeitsseminar für mein Kind. Bitte nehmen Sie mich in die Interessenten-Liste auf und informieren Sie mich per E-Mail über Daten, Orte und Preise, sobald Sie dieses Seminar planen.“

Nachhilfe Coaching

Wenn du jemand bist, der in einem Fach Schwierigkeiten hat, gute Noten zu erreichen, dann habe ich hier einen Tipp für dich, den du deinen Eltern sagen kannst. Meistens schicken die Eltern die Kinder zum Nachhilfeunterricht. Dort wird dann der Stoff einfach mit einem Lehrer noch einmal gebüffelt. Jetzt gibt es aber eine Möglichkeit, wie man das auch ohne Büffeln hinkriegen kann. Das Problem ist nämlich nicht der Stoff, den du lernen sollst, sondern deine *Einstellung* zu dem Stoff, den du lernen sollst. Da gibt es eine Dame, die nur das Denken der Kinder ändert und damit sehr große Erfolge hat. Die Kinder werden nur mental auf andere Glaubenssätze gebracht. Hier ihr Name und ihre Website. Marianne Eder: www.eder-coaching.de

So reden, dass das Publikum an den Lippen klebt

Ich veranstalte nicht nur Seminare zur Schlagfertigkeit, sondern auch Seminare über Rhetorik. Rhetorik ist das Reden vor Publikum. Ich habe mich darauf spezialisiert zu vermitteln, wie man beim Publikum *Faszination* auslösen kann. Ich bin ein erklärter Gegner von PowerPoint. Im Seminar zeige ich Ihnen, wie Sie ohne PowerPoint fünfmal so viel Wirkung erzielen können. Wenn Sie Informationen über Orte, Termine und Kosten meiner Rhetorikseminare haben möchten, klicken Sie in meine Homepage unter *www.poehm.com*. Die Seminare werden regelmäßig in Deutschland, Österreich und der Schweiz durchgeführt.

Ich bilde auch interessierte Personen zum Trainer aus. Eine Trainerausbildung bei mir schließt eine Lizenz zum eigenständigen Leiten von Rhetorik- und Schlagfertigkeitsseminaren nach der Pöhm-Methode mit ein. Sie werden dann von mir fünf Tage lang in der Schweiz ausgebildet und mit dem nötigen Knowhow versorgt. Nähere Details finden Sie in meiner Homepage: *www.poehm.com*

Gute Leute gesucht

Ich suche ständig gute Leute, die bei einer Firma mitarbeiten wollen, die etwas Großartiges bewegt. Schauen Sie in meiner Homepage auf die aktuellen Stellenausschreibungen. Wenn Sie sich als sehr guten Mitarbeiter einschätzen, dann schicken Sie doch eine Blindbewerbung. Für gute Leute haben wir immer Platz.

Pöhm Seminarfactory
Matthias Pöhm
Alte Stationsstr. 6
CH-8906 Bonstetten/Zürich
Mail: poehm@poehm.com